3/21 0

CW01666290

RÉSONAN

Collection dirigée par É

Étude sur

VICTOR HUGO

Hernani

par Marcelle BILON
Agrégée de Lettres classiques

ellipses

Résonances est une collection nouvelle qui entend, dans un nombre de pages réduit et sous un format original, offrir, sur une œuvre, un thème littéraires, l'essentiel des connaissances indispensables et incontournables qui permettent l'approche et l'étude efficace de l'ouvrage ou de la thématique concernés.

Résonances est une collection innovante qui entend inciter les lecteurs, jeunes et moins jeunes, à une lecture attentive et ludique, ouvrir des pistes à explorer, inviter à des rapprochements opportuns.

Résonances est une collection pratique dont l'objectif est de répondre aux besoins des élèves des terminales L (et ES).

Résonances est une collection autonome qui peut être complétée par la série *Analyses & Réflexions* qui, grâce à des articles variés, élargit et diversifie l'approche des textes.

Dans la même collection

– des ***RÉSONANCES ŒUVRES***

- Étude sur Hugo, *Ruy Blas*, par G. Saint-Pierre et C. Gouillon.
- Étude sur Musset, *Lorenzaccio*, par Thahn-Vân Ton-That.
- Étude sur Vigny, *Chatterton*, par C. Lefouin.
- Étude sur Malraux, *L'Espoir*, par J.-F. Authier.
- Étude sur Malraux, *La Condition humaine*, P. Villani et B. Bonhomme.
- Étude sur La Fontaine, *Fables*, par P. Caglar.

– des ***RÉSONANCES GÉNÉRIQUES***

- Étude sur le drame romantique, collectif.
- Étude sur Malraux et le roman, par É. Lantonnet.

– des ***RÉSONANCES MÉTHODIQUES***

- *Le premier sujet : étude d'un texte argumentatif*, par H. Marguliew
- *Le deuxième sujet : commentaire littéraire ou étude littéraire*, par M. Bilon et H. Marguliew

***Étienne* CALAIS,** *agrégé de Lettres modernes, est professeur en lycée et en sections de BTS. Il est chargé de cours aux Arts et Métiers. Il a été aussi intervenant dans le réseau SUP TG (groupe ESC Reims) et à l'ENSADE (Beaux Arts) de Reims.*
Il a rédigé des cours par correspondance - lycée et BTS – pour CUF-Bordas, Éducatel et France-Formation. Il a dirigé et co-produit la série de manuels de français de la collection « Organibac », chez Magnard (8 volumes à ce jour, dont le Précis de Littérature française par siècle et par genre, *le* Précis de Littérature gréco-latine, *le* Précis des Littératures de la Communauté Européenne*).*
Il a publié en collaboration avec des professeurs de classes préparatoires De la méthode *aux éd. Ellipses, ouvrage de culture générale et de philosophie à destination des lycéens de Terminale et des élèves de « Prépas » littéraires et commerciales.*

ISBN 2-7298-4626-3

PRÉFACE

Après une première année expérimentale, les nouvelles modalités — écrites et orales — des épreuves de français de fin de première paraissent entrées dans les mœurs. Le principal bouleversement a consisté dans l'introduction d'un programme annuel d'œuvres et de thèmes — variables selon les séries — et entièrement renouvelables, programme qui sert de support à la fois à la dissertation littéraire et aux épreuves orales de lecture méthodique et d'entretien.

Les lycéens de la cuvée 1995-1996 ont ainsi découvert les délices du conte voltairien, les mille et un détours du roman d'apprentissage français du XIXe siècle et les arcanes de la tragédie racinienne. Les lycées de la promotion 1996-1997 auront à s'initier aux mystères du drame romantique* (toutes séries), aux problématiques des romans de Malraux (séries L/ES/S) et aux charmes des *Fables* (un livre entre les livres VII à XII) de notre cher La Fontaine (série L).

En tout cas, il apparaît de prime abord que ces modalités nouvelles n'ont pas été défavorables aux candidats, notamment à ceux qui ont investi dans l'approfondissement des œuvres et des thèmes proposés au programme et ont choisi la dissertation littéraire à l'écrit ; une leçon à méditer pour les lycéens qui se présenteront à l'E.A.F. en juin 1997 et qui peuvent (et doivent) se fixer comme objectifs :

– une *bonne maîtrise* des œuvres retenues par la classe et par le professeur (celle du système des personnages de *La Condition humaine* par exemple) allant jusqu'à la mémorisation de phrases ou de vers-clés ;

– une *bonne connaissance* des contextes des dits ouvrages (celle de la guerre civile espagnole, arrière-plan de *L'Espoir*, par exemple), contextes historique, biographique, littéraire ;

– une *bonne approche* des thèmes des dites œuvres (connaître, par exemple, les origines et les définitions du drame romantique*).

La collection RÉSONANCES offre en conséquence aux lycéens désireux de réussir tous les éléments sus-indiqués ; elle propose en outre dans la section « L'œuvre (ou le thème) à l'examen » des exemples détaillés de dissertations littéraires, de lectures méthodiques et de questions types d'entretien.

Étienne Calais

L'ŒUVRE ET SES CONTEXTES

I. L'AUTEUR ET SES CONTEXTES : VICTOR HUGO : L'« ÉCHO SONORE[1] » QUI MARQUE SON SIÈCLE

1. L'homme public

Victor Hugo, au cours de sa longue existence, passionné par les affaires publiques, connaît quatre régimes politiques :

- **La Restauration (1814-1830)**

Durant son adolescence, il est monarchiste, comme l'était sa mère. Il est très vite pensionné par Louis XVIII puis décoré de l'ordre du mérite par Charles X.

- **Le règne de Louis-Philippe (1830-1848)**

Après la crise profonde que connaît la France, Victor Hugo évolue vers le libéralisme et, animé par des préoccupations sociales, opte pour une monarchie constitutionnelle. En 1845, il devient pair de France, c'est-à-dire membre de la chambre haute (équivalente du Sénat actuel).

La Révolution de 1848 ayant entraîné l'abdication de Louis-Philippe, Victor Hugo est élu sur une liste de droite à l'Assemblée constituante, puis à l'Assemblée législative. Il est alors partisan d'une démocratie libérale et humanitaire. Après avoir soutenu le prince président Louis-Napoléon, il s'oppose à celui-ci dès 1851 et tente d'organiser la résistance au coup d'État du 2 décembre. Devant l'échec de cette tentative, il doit fuir en Belgique. Sa femme reste en France : leurs deux fils sont emprisonnés à la Conciergerie.

---

1. Métaphore* que V. Hugo s'est appliquée à lui-même dans *Les Feuilles d'automne* (1830, I) pour montrer sa volonté d'accueillir en lui le monde qui l'entoure et de le répercuter dans ses œuvres car le poète est « un mage », un guide pour l'humanité.

• Le Second Empire (1852-1870)

Farouche opposant, il proclame :

> Et s'il n'en reste qu'un, je serai celui-là[1] !

Il part en exil à Jersey puis à Guernesey où le rejoint sa famille. Il y reste volontairement jusqu'à la chute du second Empire, bien qu'il soit rayé de la liste des proscrits dès 1859.

• La IIIe République (1870-1940)

La république proclamée, il rentre à Paris où il est élu député en février 1871. Il s'oppose à la répression versaillaise contre la Commune et est battu aux législatives de 1872 mais il est nommé sénateur en 1876. Le 14 juin 1885, le gouvernement lui fait des obsèques nationales. La République honore moins l'écrivain que le défenseur des libertés et des grandes causes démocratiques et sociales.

2. L'homme privé

V. Hugo naît le 26 février 1802. Il est le fils d'un général d'Empire, Léopold Hugo et d'une mère vendéenne, royaliste et voltairienne, Sophie Trébuchet. Le couple se sépare en 1814 et sa constante mésentente affecte la jeunesse de leurs trois fils : Eugène, Abel, Victor. Victor est partagé : il adore sa mère mais éprouve de l'admiration et de l'affection pour son père.

Un an après la mort de sa mère, Victor épouse en 1822 une amie d'enfance Adèle Foucher dont il est très épris. Ils ont rapidement cinq enfants. Malgré une liberté réciproque (dès 1833, Adèle a une liaison avec Sainte-Beuve et Victor avec Juliette Drouet), une affection certaine unit les deux époux qui sont d'excellents parents. Le poète aura le grand chagrin d'enterrer quatre de ses enfants : le premier en 1823, Léopoldine en 1843, Charles en 1871, François en 1873 et de faire interner le cinquième : Adèle en 1872. Il reporte alors tout son amour sur ses petits-enfants : Jeanne et Georges. Madame Hugo meurt en 1868. Juliette Drouet survit jusqu'en 1883, toujours fidèle à son grand homme.

---

1. *Les Châtiments*, XIV, « Ultima verba », 1853.

3. L'homme de lettres

A seize ans, en 1818, Victor Hugo est lauréat de l'Académie des Jeux Floraux de Toulouse. Dès 1830, il est considéré comme le chef de l'école romantique et il jouit d'un très grand prestige auprès des écrivains contemporains.

La production littéraire de ce génie très fécond est immense : l'édition des Œuvres complètes, dites « de l'Imprimerie nationale » comprend 45 volumes ! L'écrivain aborde tous les genres* : poésie, théâtre, roman, notes diverses sur les événements de son temps. Il laisse aussi de nombreux et superbes dessins, des lavis.

4. Victor Hugo dans son siècle

Année	Vie et œuvres d'Hugo	Événements historiques et artistiques
1802	Naissance de Victor Hugo.	Bonaparte, consul à vie.
		Chateaubriand : *René* (R[1]),*Le Génie du christianisme* (E).
1804		Napoléon Ier, empereur des Français.
		Beethoven, la *Symphonie « Eroïca »*. (M).
1809	Installation de Madame Hugo-Trébuchet et de ses trois fils aux « Feuillantines », à Paris.	Madame de Staël, *De l'Allemagne* (E). Chateaubriand, *Les Martyrs* (R).
1813		Géricault, *Le Radeau de la Méduse* (Pe).
1814		Abdication de Napoléon, Première Restauration : Louis XVIII.
1815		Les « Cent Jours » du 01-03 au 22-06. Défaite de Waterloo.
		Seconde Restauration.
1818	Séparation des époux Hugo. Victor Hugo, lauréat d'un concours de poésie à Toulouse, « Les Jeux Floraux ».	

1. Après chaque œuvre, on indique ainsi le genre : Roman = (R), Poésie = (P), Théâtre = (T), Essai = (E), Musique = (M), Peinture = (Pe).

Année	Vie et œuvres d'Hugo	Événements historiques et artistiques
	Fondateur du journal, *Le Conservateur littéraire.*	
1820		Lamartine, *Les Méditations poétiques* (P).
1821	Mort de Sophie Hugo-Trébuchet.	Mort de Napoléon Ier.
1822	Mariage de Victor Hugo avec Adèle Foucher. *Odes et poésies* (P), obtention d'une pension de mille francs, accordée par Louis XVIII. *Amy Rosbart* (T),représentée seulement en 1827.	Stendhal, *Racine et Shakespeare* (E) (1823 et 25)
1824	Naissance de Léopoldine Hugo.	Mort de Louis XVIII et avènement de Charles X. Delacroix, *Les Massacres de Chio* (Pe).
1826	Naissance de Charles. *Nouvelles Odes* (P).	Vigny, *Poèmes antiques et modernes* (P).
1827	*Les Orientales* (P). *Cromwell* (T) et sa « Préface ». Représentation d'*Amy Rosbart* (T).	Mort de Beethoven.
1828	Naissance de François.	
1829	*Le dernier jour d'un condamné* (R). *Marion de Lorme* (T), pièce interdite en 1829, jouée en 1831.	Représentation d'*Henri III* de Dumas. Balzac, Les *Chouans* (R). *La Comédie humaine* —> 1848. Musset, *Contes d'Espagne et d'Italie* (R).
1830	*Hernani* (T), 25 février : première représentation et « bataille ». Naissance d'Adèle.	« Les Trois Glorieuses », Chute de Charles X. Prise d'Alger. Stendhal, *Le Rouge et le Noir* (R). Lamartine, *Harmonies poétiques et religieuses* (P). Berlioz, *La Symphonie fantastique* (M)
1831	*Notre Dame de Paris,* (R). *Les Feuilles d'Automne* (P). *Marion de Lorme* (T), représentation.	Révolte des Canuts de Lyon. Dumas, *Antony* (T).

Année	Vie et œuvres d'Hugo	Événements historiques et artistiques
1832	*Le Roi s'amuse* (T)	Insurrection populaire, lors des obsèques du général Lamarque. Mort de Goethe.
1833	Liaison de Victor Hugo avec l'actrice Juliette Drouet. *Lucrèce Borgia* (T). *Marie Tudor* (T).	Sand, *Leila* (R). Chopin, *Trois nocturnes* (M).
1834	*Claude Gueux* (R) remanié.	Balzac, *Le Père Goriot* (R). Musset, *Lorenzaccio* (T).
1835	*Les Chants du Crépuscule* (P). *Angelo, tyran de Padoue* (T).	Vigny, *Chatterton* (T).
1837	*Les Voix intérieures* (P).	Démission de Thiers.
1838	*Ruy Blas* (T).	
1840		Proudhon, *Qu'est-ce que la propriété ?* (E)
1841	Élection d'Hugo à l'Académie française.	
1842	*Le Rhin* (E).	Mort de Stendhal.
1843	Mort de Léopoldine Hugo. *Les Burgraves* (T).	Wagner, *Le Vaisseau fantôme* (M).
1845	Hugo, pair de France.	
1846		Berlioz, *La Damnation de Faust* (M). Courbet, *L'Homme à la pipe* (Pe).
1848	Hugo, député de Paris.	Révolution de Février. Seconde République. Mort de Chateaubriand et publication des *Mémoires d'Outre-Tombe.* Marx et Engels, *Le Manifeste du parti communiste.*
1851		Coup d'État du Prince Louis Napoléon.
1852	Charles et François Hugo, emprisonnés à la Conciergerie. *Napoléon le Petit* (pamphlet). Exil d'Hugo à Jersey.	Second Empire : Napoléon III. Th. Gautier, *Émaux et Camées* (P).
1853	*Les Châtiments* (P).	Nerval, *Sylvie* (R).
1855	Exil à Guernesey (« Hauteville-House »).	
1856		Flaubert, *Madame Bovary* (R).

Année	Vie et œuvres d'Hugo	Événements historiques et artistiques
1857		Baudelaire, *Les Fleurs du Mal* (P).
1859	Radiation sur la liste des proscrits mais refus de l'amnistie et séjour prolongé à Guernesey. *La Légende des siècles* (P), de 1859 à 83.	
1860		Annexion de la Savoie.
1862	*Les Misérables* (R).	La campagne du Mexique. Flaubert, *Salammbô* (R). Leconte de Lisle, *Poèmes antiques et barbares* (P).
1863	Madame Adèle Hugo, *Victor Hugo raconté par un témoin de sa vie* (biographie).	
1864		Fondation de l'Internationale.
1865	*Chansons des rues et des bois* (P).	Claude Bernard, *Introduction à la médecine expérimentale* (E).
1866	*Les Travailleurs de la mer* (R).	Verlaine, *Poèmes saturniens* (P).
1868	Mort de Mme Adèle Hugo-Foucher.	
1869	*L'homme qui rit* (R).	Verlaine, *Fêtes galantes* (P). Flaubert, *L'Éducation sentimentale* (R).
1870	Fin de l'exil et retour à Paris.	Guerre contre la Prusse. Capitulation de Napoléon III à Sedan. Proclamation de la déchéance de Napoléon III et de la IIIe République. Verlaine, *La bonne chanson.*
1871	Mort de Charles Hugo. Victor Hugo, député de Paris : démission.	Commune de Paris.
1872	*L'Année terrible* (P). Internement d'Adèle Hugo rapatriée d'Amérique où elle séjournait.	
1873	Mort de François Hugo.	
1874	*Quatre-vingt treize* (R.).	Première exposition des Impressionnistes. Mallarmé, *L'Après-midi d'un faune* (P).
1876	Hugo, sénateur de la Troisième République.	

Année	Vie et œuvres d'Hugo	Événements historiques et artistiques
1877	*L'Art d'être grand-père.* (P). *L'Histoire d'un crime* (récit contre le coup d'État).	Crise du 6 mai : le ministère de Jules Simon renversé par Mac-Mahon. Zola, *L'Assommoir* (R).
1880		Premier ministère de Jules Ferry. Wagner, *Parsifal* (M).
1881	*Les Quatre Vents de l'esprit* (P).	
1882		Lois sur l'enseignement, (de 1882 à 1883). Guerre du Tonkin,
1883	Mort de Juliette Drouet. *La Légende des siècles* (dernière série).	Maupassant, *Une vie* (R).
1885	Mort de Victor Hugo. Funérailles nationales.	Zola, *Germinal* (R).
1886		Maupassant, *Bel-ami* (R).
1886 à 1899	Œuvres posthumes : *Théâtre en liberté*, *La Légende des siècles*, 3e partie : « La fin de Satan », *Choses vues.*	1895 : début de l'affaire Dreyfus.

II. SCÈNES, ACTEURS ET PUBLIC PARISIENS EN 1830

Les représentations parisiennes sont très nombreuses depuis le début du siècle jusqu'à la première d'*Hernani* le 21 février 1830.

1. Les scènes

La scène la plus célèbre est la Comédie Française. Subventionnée, elle est aux mains des Libéraux. Temple du conservatisme, elle est fréquentée par la classe bourgeoise et elle s'affirme comme une héritière des grandes traditions classiques. Cependant elle représente aussi les vaudevilles* de Scribe. En 1829, elle crée *Henri III et sa cour* de Dumas, et *Hernani* l'année suivante.

Le théâtre de la Porte Saint Martin où l'on joue des mélodrames* peut concurrencer la Comédie Française parce qu'il est riche. Celui de la Gaîté aussi : c'est la scène attitrée du grand auteur de mélodrames* Guilbert de Pixérécourt et de Victor Ducange.

Le Gymnase représente les vaudevilles* bourgeois d'Eugène Scribe, l'auteur le plus joué du XIXe siècle.

2. Les acteurs

Leur poids est considérable dans l'essor du théâtre.

1. **Talma** (1763-1826) n'a pas été seulement un interprète génial, il a collaboré à presque toutes les tragédies de son siècle : il raturait, corrigeait, développait les manuscrits qui lui étaient soumis. De plus, son goût le portait vers le drame shakespearien.

2. **Frédéric Lemaître**, de son vrai nom Antoine Louis Prosper, né avec le siècle, meurt en 1876. Créateur du rôle de Robert Macaire dans *L'Auberge des Adrêts*, célébre mélodrame* de B. Antier, A. Lacoste et A. Chapponier (1823), il donne au héros qu'il incarne ses attributs et ses attitudes constitutives. En 1827, il est « sublime » dans *Trente ans ou la vie d'un joueur* de Dulcis et dans *Antony* de Dumas qui disait de lui : « Il n'est pas *un* drame. Il est *le* Drame ».

3. Sur les scènes des boulevards, **Marie Dorval**, aimée par Vigny, est fort émouvante. Frédéric Lemaître et elle ont contribué au triomphe du mélodrame*.

4. A la Comédie Française, l'autorité, la compétence et le courage de **Mademoiselle Mars** sont incontestés[1] : ses démêlés avec Hugo lors des répétitions d'*Hernani* sont célèbres[2], elle contribue cependant au succès de la pièce : le rôle de Dona Sol fut « son triomphe et son chef-d'œuvre ».

5. **Firmin**, « un lion » (c'est-à-dire un grand séducteur, un dandy), est fort apprécié dans l'interprétation du personnage d'Hernani.

6. **Joanny**, âgé de 65 ans, joue Don Ruy Gomez. Il relate cette expérience dans son *Journal*[3], tenu au jour le jour, du 25 février au 22 juin 1830.

---

1. Cf. Annexes, « Les acteurs célèbres », document 1, p. 79.
2. Cf. Annexes, « Les acteurs célèbres », document 2, pp. 79-80.
3. Cf. Annexe, « Les acteurs célèbres », document 3, pp. 80-81.

3. Le public et ses positions idéologiques

Les Libéraux ont une position ambiguë. Leur théorie officielle est que le théâtre est un moyen de rassemblement de ce qu'ils appellent *le peuple,* c'est-à-dire, hors les aristocrates, l'ensemble de la « nation ». Aussi oscillent-ils entre la vieille tragédie voltairienne et un théâtre nouveau, de type historique, « shakespearien[1] ». Ils se doivent cependant d'apparaître comme les héritiers naturels de la monarchie car leur goût reste très classique.

Les Ultras non seulement ne supportent pas les attaques contre la royauté, la noblesse et le clergé — déjà fréquentes dans les mélodrames* — mais encore ils fustigent « l'immoralité » et « les inconvenances » du drame romantique*.

Les Gouvernementaux (dont les journaux sont *Le Constitutionnel* et *Les Débats*) suivent les positions libérales.

III. SITUATION DU THÉÂTRE EN 1830

Le drame romantique* hérite d'une longue tradition théâtrale française issue de **la dramaturgie classique du XVIIe siècle.**

Elle se réclame de la poétique d'Aristote. Élaborée dès la Renaissance, elle est, au XVIIe siècle, de plus en plus influencée par« les doctes ». La règle des trois unités (action, temps et lieu) s'impose rapidement aux auteurs dramatiques (Corneille, Racine, Molière).

1. Le drame bourgeois au XVIIIe siècle

Voltaire fait jouer, non sans succès, des tragédies imitées de Racine dont il est un grand admirateur. Cependant il se révèle comme le créateur de la « pièce à thèse »et son théâtre est un théâtre d'idées, didactique, moral.

De plus, socialement, on assiste à une montée de la bourgeoisie qui ne prend plus aucun intérêt « à la mort d'un tyran du Péloponnèse[2] ». C'est

1. A. Ubersfeld, *Hugo et le théâtre,* Éditions sociales, t. IV, deuxième partie, 1978, p. 288.
2. Beaumarchais ajoute : « Il n'y a dans tout cela rien à voir pour moi, aucune *moralité* (c'est-à-dire aucune étude de mœurs) qui me convienne ».

Diderot qui, en 1758, dans le *Discours sur la poésie dramatique,* donne une véritable définition du drame du XVIIIe siècle : « une tragédie domestique et bourgeoise. »

Les auteurs dramatiques portent en effet à la scène les mœurs et les idées d'une famille bourgeoise où la peinture des conditions et des relations familiales remplace celle des caractères et des passions. Conflits familiaux, drames conjugaux, soucis professionnels, revers financiers, déchéances intimes, vertu opprimée, héroïsmes cachés des humbles remplacent passions, malheurs, fatalité, esthétique de la grandeur. Les tableaux touchants et les tirades* moralisatrices abondent, la prose supplante les vers. Le goût et la sensibilité des spectateurs se trouvent donc modifiés : ceux-ci aiment pleurer en présence de scènes pathétiques* : l'attendrissement est la réussite suprême du drame et la sensibilité doit ouvrir le cœur aux leçons et à l'exercice de la *vertu.*

Les drames bourgeois de Diderot (*Le Fils naturel*), de Beaumarchais (*La Mère coupable*) ont ainsi frayé le chemin au mélodrame* et au drame romantique* : il existe entre eux une continuité historique, sociologique et esthétique. Ils ont en commun d'être **un théâtre d'idées**.

2. Le mélodrame*

> Liberté des spectacles, élargissement du public, évolution des genres et du goût, mais surtout époque de bruit et de fureur, de mort et de fête, moment paroxystique, la Révolution met en place les conditions d'une naissance : celle du mélodrame. Nodier l'affirme en 1841 : « Le mélodrame, c'était la moralité de la Révolution[1] » [...]

C'est aussi « une tragédie populaire », « un fils dévoyé du drame sensible[2] », un théâtre pour le peuple. Le grand auteur du mélodrame* est Guilbert de Pixérécourt : il rédigeait« pour ceux qui ne savent pas lire »et se vante d'avoir écrit ses pièces « avec des idées religieuses et providentielles et des sentiments moraux ». Dans son *Histoire de la littérature dramatique,* le critique Jules Janin (1804-1874) mentionne :

1. *TDC* 534, *Le Mélodrame*, p. 27.
2. P. Ginesty, *Le Mélodrame,* p. 11.

> Dans Paris, [...] on suivait [le dramaturge] en silence, on se le montrait d'un geste passionné : c'est lui ! Le voilà ! Le grand punisseur de tous les crimes, le haut justicier qui lit dans les cœurs pervertis[1].

Pixérécourt connaît un très grand succès : 94 de ses pièces jouées, 30 000 représentations à Paris et en Province, d'innombrables traductions dans toutes les langues européennes. Il est directeur de la Gaîté de 1825 à 35 et il triomphe aussi Boulevard du Temple. Les trois frères Hugo, encore très jeunes, ont été enthousiasmés par la représentation du drame intitulé *Les Ruines de Babylone,* au point de le voir deux fois et de « savoir les trois actes par cœur » raconte Adèle Hugo (*Victor Hugo raconté par un témoin de sa vie*, 1863). Même à l'heure de leurs succès, ni Hugo, ni Dumas ne peuvent nier l'influence du mélodrame* sur leurs œuvres. A. Ubersfeld dénonce ses positions idéologiques :

> La signification idéologique du canevas d'un mélo n'est pas mystérieuse : c'est le triomphe du bien grâce à l'énergie individuelle, au mérite du héros et aux soins de la divine providence[2].

Même s'il renforce la morale et la bonne conscience de la bourgeoisie dont l'idéologie est conservatrice, le mélodrame* répondant au désir profond de spectacle et d'émotion, tente les grands écrivains par sa liberté d'allure qui exclut l'unité de ton et prône le mélange des genres où règnent rire et larmes, grotesque* et héroïsme.

3. Le vaudeville*

Joué non seulement au Gymnase mais encore à la Comédie Française, c'est un « théâtre non historique, contemporain, où la bourgeoisie se reconnaît avec ses petits problèmes, son culte de l'argent et ses illusions de sentimentalité[3]. »

Eugène Scribe (*Le Nouveau Pourceaugnac, Le Solliciteur, L'Ours et le Pacha...*) en est le producteur le plus fécond et le plus célèbre.

---

1. Cité dans M. Lioure, *Le Drame de Diderot à Ionesco,* U. Prisme, Colin, 1973, p. 52.
2. Se reporter au *Manuel d'Histoire littéraire de la France,* A. Ubersfeld, « Le Mélodrame », p. 671, Éditions sociales, 1972.
3. A. Ubersfeld, article cité, *Hugo et le théâtre*, p. 287.

4. Le drame romantique*

Il est préparé par l'intérêt manifesté pour Shakespeare par Chateaubriand dans un article publié en 1801 et dans son *Essai sur la littérature anglaise* (1826), par le *Racine et Shakespeare* de Stendhal (1823 et 1825), par les traductions de Schiller dues à Benjamin Constant et par la venue de troupes anglaises à Paris en 1822, puis surtout en 1827 où les acteurs anglais Kemble et Mademoiselle Smithson jouent Shakespeare. Dans l'avant-propos de son théâtre : « Comment je devins auteur dramatique », A. Dumas proclame son émerveillement :

> Ô Shakespeare, merci ! Ô Kemble et Smithson, merci ! merci à mon Dieu ! merci à mes anges de poésie !

C'est alors qu'Hugo fait paraître *Cromwell,* drame historique (où le peuple, bien distingué des bourgeois, est présent mais encore passif), non destiné à la scène à cause de son gigantisme même. Mais la « préface » — qui est en réalité une postface, datée du 30 octobre 1827 —, véritable manifeste littéraire, devient aussitôt le code du romantisme tout entier : « Elle rayonnait à nos yeux, explique Théophile Gautier, comme les Tables de la Loi sur le Sinaï. » Discussions et théories y sont nombreuses, « mais deux principes féconds les dominent : l'un (« *Tout ce qui est dans la nature est dans l'art* ») affranchissait le théâtre et, avec lui, toute la littérature, l'autre (« *Le théâtre est une convention* ») les maintenait cependant à l'intérieur des limites de l'art[1] ».

Cette « préface » a deux objectifs essentiels : expliquer le travail de l'écriture théâtrale de *Cromwell,* énoncer la théorie du drame romantique*.

Hugo y propose en effet :

– une vision de l'histoire qui explique le développement du grotesque* dans l'art ;

– une réflexion sur la religion chrétienne et l'abîme creusé entre les deux versants du monde : le sublime* et le grotesque*[2] ; Hugo précise : « dans la poésie nouvelle, tandis que le sublime représentera l'âme telle qu'elle est, épurée par la morale chrétienne », le grotesque* « jouera le rôle de la bête humaine ». Pour lui, Shakespeare a su établir un équilibre entre ces deux principes ;

1. M. Levaillant, *Hernani,* Delagrave, 1946, p. 11.
2. Cf. Annexes, « Une définition du grotesque », pp. 81-82.

– une défense et illustration du drame, seule forme esthétique correspondant au **sentiment moderne***[1].

Des pièces conformes à l'esthétique « moderne » précédent les drames d'Hugo et la création d'*Hernani.*

En effet, en février 1829, Dumas crée *Henri III et sa cour* qui connaîtra 43 représentations. L'auteur y développe une intrigue entre des personnages secondaires de l'histoire : Saint-Mégrin, l'un des mignons du roi et la duchesse de Guise. Dans une somptueuse reconstitution, due au décorateur de l'Opéra, règnent la violence et l'angoisse. C'est un drame fidèle aux principes directeurs du théâtre romantique :

> [...] non seulement l'unité d'action, mais la vraisemblance du milieu, le souci de l'ambiance, à la fois l'humanisation et la surhumanisation du héros, l'exaltation des sentiments, l'imbrication du tragique et du comique, la brutalité du geste, l'appel au burlesque*[2].

Champion du drame, A. de Vigny traduit en vers *Othello* qui est représenté le 24 octobre 1829. Cette soirée est un succès dont l'enjeu est relaté par Vigny dans sa *Lettre à Lord**** :

> Une simple question est à résoudre. La voici :
> La scène française s'ouvrira-t-elle, ou non, à une tragédie moderne produisant :
> – dans sa conception, un tableau large de la vie, au lieu du tableau resserré de la catastrophe d'une intrigue ;
> – dans sa composition, des caractères non des rôles, des scènes paisibles sans drame, mêlées à des scènes comiques et tragiques ;
> – dans son exécution, un style familier, comique, tragique, et parfois épique* ?

La réponse paraît positive puisque *Le Journal des Débats* note :

> La seconde représentation a décidé en faveur de Shakespeare. La pièce marche et elle marchera pour longtemps.

La porte est donc ouverte pour que Victor Hugo lance un vrai défi en écrivant, publiant, faisant répéter *Hernani.* Ce drame original rejette de

1. Dans *Salon de 1846,* Baudelaire écrira : « Qui dit Romantisme dit "*art moderne*" » et définira la *modernité* par les termes « intimité, spiritualité, couleur, vision aspiration vers l'infini » qui correspondent bien aux intentions du drame romantique.

2. *Manuel des études littéraires,* M.A. Bouvier-Adam, « Alexandre Dumas », Éditions sociales, 1972, p. 131.

façon provocatrice et novatrice (malgré le respect de l'unité d'action et de la versification) les règles et les conventions formelles édictées durant la période classique au profit d'une prise de conscience de l'importance de l'histoire, et d'une nécessité de produire et de faire respecter une vérité qui n'est pas celle, abstraite et profonde des Classiques, mais une vérité qui, abolissant la distinction des genres, se voudrait plus conforme à la vie réelle. A de Vigny écrit dans le *Journal d'un poète* (1936) :

> Le drame est vrai, puisque, dans une action tantôt comique, tantôt tragique, suivant les caractères, il finit avec tristesse comme la vie des hommes puissants de caractère, énergiques de passion.

5. Victor Hugo en 1830

En 1822, une pension de mille francs accordée par Louis XVIII pour les *Odes et Poésies* met fin aux soucis financiers du jeune poète qui venait de perdre sa mère et vivait à Blois chez le général Hugo. Elle lui permet, à vingt ans, d'épouser « son » Adèle. Trois ans plus tard, l'obtention d'un brevet de chevalier de la Légion d'honneur accordé par Charles X le comble de satisfaction.

En 1830, Victor Hugo est encore un époux heureux, père de trois enfants. Il a Lamennais pour confesseur, Chateaubriand pour ami. Sa renommée est grande. Il a publié des recueils de poèmes : *Nouvelles Odes* (1826), les *Orientales* (1827), des romans : *Bug-Jargal* (écrit en 1818, remanié en 1825, publié en 1826), *Han d'Islande* (1821), *Dernier jour d'un condamné* et *Claude Gueux* (1829), des pièces de théâtre : *Amy Robsart* (écrite 1822, représentée seulement en 1827), *Cromwell* (1827) — dédié à son père à cause de son évolution politique —, *Marion de Lorme* (1829) qui est interdite par la censure, et enfin *Hernani* (1830). *Hernani*, comme *Marion de Lorme*, subit les attaques de la Censure. Une note du Baron Trouvé recense les suppressions qu'elle exige[1]. Mais la lettre qu'il adresse en février à Hugo admet le rétablissement de quelques expressions du texte[2].

---

1. Cf. Annexes, « La censure », document 1, pp. 82-83.
2. Cf. Annexes, « La censure », document 2, p. 83.

Commencé le 29 août, ce drame est terminé le 24 septembre. Lu le 1er octobre au Comité du Théâtre Français, il est immédiatement distribué et répété.

> Malade, accablé par les soucis financiers (il n'a plus que cinquante francs en poche), alarmé par les attaques prématurées d'une presse à la solde des « classiques », par l'hostilité sourde des comédiens, et les lenteurs de la censure, Victor Hugo n'est pas loin de se croire persécuté, de douter des amis mêmes[1].

IV. PREMIÈRES APPROCHES DE L'ŒUVRE

1. La « bataille » d'*Hernani*

Cette bataille littéraire célèbre est racontée dans ***Histoire du Romantisme*** (1872) écrite par Théophile Gautier, « l'homme au gilet rouge ». C'est un événement qui met aux prises l'école classique « des têtes chauves [...], ces moignons glabres sortant de leurs cols triangulaires avec des tons couleur de chair et de beurre rance, malveillants malgré leur apparence » et la jeunesse romantique pleine d'ardeur, fanatisée par la préface de *Cromwell* qui avait subi « six ou sept heures d'attente dans l'obscurité ou tout au moins la pénombre d'une salle » et qui était affamée. Elle était néanmoins résolue à faire triompher **la liberté dans l'art,** à affirmer les pouvoirs de la poésie contre les bourgeois philistins[2] et libéraux qui voyaient clairement dans la révolte de l'écriture un contenu idéologique suspect, ce qu'Hugo indique d'ailleurs clairement dans sa « Préface » :

> Le romantisme [...] n'est que le *libéralisme* en littérature. [...] le libéralisme littéraire ne sera pas moins populaire que le libéralisme politique. La liberté dans l'art, **la liberté dans la société,** voilà le double but auquel doivent tendre d'un même pas tous les esprits conséquents et logiques.

Cependant « de cette mêlée confuse où aucun des adversaires ne lâcha prise, où le tumulte même semblait consacrer le triomphe de la cabale, les

---

1. Notices et notes d'*Hernani*, Édition de la Pléiade, p. 176.
2. Personnes à l'esprit vulgaire, fermées aux choses littéraires.

contemporains — et après eux l'histoire —, fascinés par le franc succès de la première, ne retinrent que le sentiment d'une incontestable victoire romantique[1] ».

Grâce au scandale renouvelé presque chaque soir, le public afflue à *Hernani* dont « à la trentième représentation, il n'y avait pas un hémistiche* qui n'eût été sifflé ». La pièce fait recette jusqu'au 22 juin (date de la quarante cinquième et dernière représentation) aussi Victor Hugo voit-il sa vie matérielle assurée pour dix-huit mois (le théâtre est bien plus lucratif que le roman : *Hernani*, écrit en deux mois, a rapporté dix fois plus que *Notre-Dame de Paris* — 1831 — dont la rédaction a duré deux ans).

L'Histoire du Romantisme de Théophile Gautier, le *Journal* d'Hugo, celui de l'acteur Joanny, celui de de Monsieur Viennet, un pseudo classique[2] et la lettre d'André Pavie, un ami du dramaturge[3] aident à comprendre l'événement littéraire que furent les représentations d'*Hernani*. Cette pièce ne fut réellement consacrée que lors de la reprise triomphale du 21 juin 1867, relatée par Gautier dans le journal *Le Moniteur*[4].

2. *Hernani*, analyse du titre de l'œuvre

Sa genèse et sa signification nous sont données dans l'*Histoire du Romantisme* (1872) de Théophile Gautier :

> On discutait sur les divers titres qu'avait dû porter le drame. Quelques uns regrettaient *Trois pour une*, qui leur semblait un vrai titre à la Calderon[5], un titre de cape et d'épée, bien espagnol et bien romantique [...], d'autres, et avec raison, trouvaient plus de gravité à l'*Honneur castillan*, qui contenait l'idée de la pièce.
>
> Le plus grand nombre préférait *Hernani* tout court et leur avis a prévalu...

Gautier raconte comment, dix ans après la création de la pièce, il a lui-même traversé en Espagne un bourg nommé : « Ernani » et il ajoute :

1. M. Lioure, ouvrage cité, p. 75.
2. Cf. Annexes, « La "bataille" d'*Hernani* », document 2, pp. 84-86.
3. Cf. Annexes, « La "bataille" d'*Hernani* », document 3, pp. 86-87.
4. Cf. Annexes, « La "bataille" d'*Hernani* », document 4, pp. 87-88.
5. Calderon de la Barca, auteur dramatique espagnol (1600-81), auteur de la *Dévotion à la Croix*, du *Médecin et son Honneur*, de *La vie est un songe* — au programme des Terminales L/E.S. 1996-98.

> Victor Hugo, revenant d'Espagne en France, après la chute du roi Joseph, a dû traverser ce bourg dont le nom n'a pas changé, et recueillir de la bouche d'un postillon ce nom bizarre et d'une sonorité éclatante, si bien fait pour la poésie qui, mûrissant plus tard dans son cerveau comme un graine oubliée dans un coin, a produit cette magnifique floraison dramatique.

Pour nous ce nom est symbolique.

D'abord, c'est un nom d'emprunt sous lequel le héros dissimule son identité qu'il ne révélera qu'au vers 1728 : « Je suis Jean d'Aragon ! » Il revendiquera à nouveau son pseudonyme pour mourir en disant à Dona Sol :

> Nommez-moi Hernani ! Nommez-moi Hernani !
> Avec ce nom fatal je n'en ai pas fini ! (v. 1984-85)

Nom fatal puisqu'il ne fait écho — et en particulier à la rime — qu'avec des axiologiques* connotés dépréciativement : « bandit », « proscrit », banni », « maudit », « fini », formant un champ lexical du malheur et de l'exclusion, programmant le héros vers son destin fatal.

3. *Hernani,* drame historique

Dans la « Préface », V. Hugo écrit que *Le Romancero général* est la véritable clef de ce drame.

Il se passe dans l'Espagne castillane du XVIe siècle. Charles Ier de Habsbourg (Carlos) est né à Gand en 1500. Fils de Philippe le Beau, archiduc d'Autriche et de Jeanne de Castille (dite la Folle), il est roi d'Espagne depuis 1516. Il a donc dix-neuf ans au début de la pièce puisqu'il est élu empereur, à l'acte IV, sous le nom de Charles-Quint en 1519. Hugo place cette élection, non à Francfort comme elle a eu lieu réellement, mais à Aix-la-Chapelle pour pouvoir y évoquer l'ombre de Charlemagne et donner ainsi à cet événement une dimension mythique. A cette époque, en Europe, l'empereur, héritier de la Rome antique, a le pouvoir temporel mais le Pape, héritier de la Rome chrétienne, a le pouvoir spirituel. Charles-Quint, comme naguère Charlemagne, peut espérer unifier l'Europe.

Bien d'autres idées politiques chères à Hugo en 1830 sont présentes dans cette pièce. En particulier, dans ce seul vers d'Hernani à Don Carlos :

> Crois-tu donc que les rois à moi me sont sacrés ! (v. 592)

Hugo aborde le problème politique qui était alors au centre des préoccupations : le pouvoir et sa légitimité. C'est un thème qu'il avait déjà traité dès son premier drame *Cromwell* qui n'était pas destiné à être représenté.

> Le sujet avait tenté bien des écrivains sous la Restauration, il permettait de poser des questions d'une brûlante actualité : peut-on justifier un régicide ? quel pouvoir peut succéder à une révolution ? peut-il y avoir encore une légitimité[1] ?

De plus, le monologue de Carlos met en valeur la supériorité d'un empereur élu sur un roi héréditaire. On peut donc lire là une certaine désaffection de Victor Hugo pour la royauté. Les courtisans, « basse-cour » (v. 1375), symbolisés par don Ricardo, sont critiqués et méprisés. Cependant, l'aspect de classe de la lutte historique, très présent dans *Cromwell,* disparaît presque dans *Hernani,* marquant ainsi le désabusement de l'année 1829, dernière année de la Restauration. Mais, dans le drame romantique*, écrit C. Duchet : « Tout n'est pas de la politique mais tout y est politique[2] ». La censure royale qui, en 1829, venait d'interdire *Marion de Lorme* le savait bien. Le peuple est quand même évoqué dans le monologue de Charles-Quint : « peuple océan », masse encore informe mais capable, « comme la vague qui brise un trône » (v. 1539) de faire une révolution, vision prémonitoire quelques mois avant les « Trois Glorieuses » de Juillet 1830 et la chute de Charles X.

On peut donc lire dans cette pièce l'évolution politique d'Hugo : il est passé du conservatisme au libéralisme.

4. Structure d'*Hernani*

Elle reste très classique. La division en cinq actes et en scènes perdure. Mais, contrairement à la tragédie classique, les actes portent un titre qui marquent la structure et orientent la lecture :

– acte I : le roi,
– acte II : le bandit,
– acte III : le vieillard,

1. J. Bony, *Lire le Romantisme*, Dunod, 1992.
2. « Théâtre et politique sous la Restauration », article paru dans les actes du colloque de l'E.N.S. de Saint-Cloud, 1969.

– acte IV : le Tombeau,

– acte V : la Noce.

La technique de la — ou des — scène(s) d'exposition* et du dénouement* tragique subsiste également.

• **Le temps**

Il n'est pas indiqué nettement : fort peu d'indices textuels (sauf dans les didascalies* de la scène 1 de l'acte I et celles de l'acte II : « *il est nuit* », et dans les vers : « *A minuit. Demain,* [...] sous ma fenêtre » (v. 163) et « *Demain,* sous ma fenêtre, *à minuit,* et sans faute. » (v. 371) peuvent être relevés.

Il est cependant possible de déduire que le drame commence vers **le début de février 1519** : en effet, à l'acte I, scène 3, Carlos annonce à Don Ruy Gomez la mort de « Maximilien, empereur d'Allemagne », survenue le 15 janvier. Or, il fallait compter alors un mois pour la transmission des nouvelles. Deux mois au moins s'écoulent à peu près entre le deuxième et le troisième acte : Don Carlos poursuit et défait la bande d'Hernani. On ne peut mesurer exactement le temps passé entre la prise d'otage de Dona Sol (acte III, 6) et l'élection de Don Carlos, le 28 juin 1519 (acte IV, 4) mais le roi et sa suite ont du se rendre de Saragosse à Aix-la-Chapelle. Deux mois s'écoulent encore jusqu'au dénouement* qui a lieu à **la fin de l'été de la même année**.

• **Les lieux**

Les actes I, II, III et V se passent « dans les montagnes d'Aragon », à Saragosse, mais dans des lieux différents d'un acte à l'autre, et dans des décors décrits avec beaucoup de minutie par les didascalies* :

– acte I : « Saragosse. Une chambre à coucher [...] » où s'ouvrent de nombreuses portes.

– acte II : « Saragosse. Un patio du palais de Silva [...] ». L'intérieur y est détaillé, de plus il ouvre sur un extérieur : « des maisons et des rues ».

– acte III : « Le château de Silva. La galerie des portraits [...] ».

– acte IV : « Aix-la-Chapelle. Les caveaux qui renferment le tombeau de Charlemagne [...]. »

– acte V : « Une terrasse du palais d'Aragon à Saragosse [...]. Il est nuit [...] ».

5. Le style du drame

Dans la « Préface » d'*Hernani*, V. Hugo définit sa propre versification dramatique[1]. Il l'applique dans son deuxième drame en vers.

L'alexandrin est donc conservé préservant ainsi la forme noble de la tragédie. Disloqué souvent, il est brisé par le recours

- à l'enjambement* :

> Serait-ce l'écurie où tu mets d'aventure
> Le manche du balai qui te sert de monture ? (I, 2)

- au rejet* :

> C'est bien à l'escalier
> Dérobé. (I, 2)

- à une césure* plus mobile et à des coupes plus irrégulières.

Les images et, en particulier, les métaphores* insolites scandalisent, telles celles proférées par :

- Hernani à Don Carlos :

> Songes-tu que je te tiens encore,
> (..)
> Et que si je serrais cette main trop loyale
> J'écraserais dans l'œuf ton aigle impériale !
> (II, 3, v. 621-22)

- Dona Sol à Hernani :

> Vous êtes mon lion superbe et généreux ! (III, 5, v. 1028)

V. RÉSUMÉ D'*HERNANI* ET ANALYSE DES SCÈNES-CLÉS

Acte I : « Le roi »

• Scène 1

Un jeune homme inconnu, amoureux d'une jeune fille Dona Sol, fiancée à son vieil oncle Don Ruy Gomez de Silva, s'introduit subrepticement dans une chambre du château pour la surprendre. Apprenant qu'elle attend un

1. « un vers libre, franc, loyal [...], sachant briser à propos et déplacer la césure* pour dissimuler sa monotonie d'alexandrin* ; plus ami de l'enjambement* qui l'allonge que de l'inversion qui l'embrouille ; fidèle à la rime, cette esclave reine, cette suprême grâce de notre poésie, ce générateur de notre mètre*. »

autre galant, grâce à la complicité d'une duègne[1] cupide, il se cache dans une armoire pour assister au duo des deux amants.

• **Scène 2**

Hernani est un proscrit mais, Dona Sol qui l'aime d'un amour passionné va se faire enlever, demain, par lui. L'inconnu sort alors de l'armoire où il a tout entendu. Hernani le provoque en duel. Au moment où ils vont se battre, le duc Don Ruy Gomez arrive inopinément et est scandalisé de trouver deux jeunes gens chez sa fiancée.

Pistes d'analyse pour l'étude des scènes 1 et 2 qui constituent *l'exposition**

Sauf la véritable identité des deux jeunes prétendants, Don Carlos et Jean d'Aragon, presque tout est déjà annoncé dans ces deux scènes. Les trois rivaux (le bandit, le roi, le vieillard),« Tres para una », c'est-à-dire Trois pour une, s'affrontent devant Dona Sol.

La mise en scène

Fort intéressante, elle met en relief :

• la couleur locale

Elle est indiquée par quelques didascalies* qui détaillent les costumes, propres à l'Espagne du XVIe siècle, de deux personnages : la duègne est habillée « à la mode d'Isabelle la Catholique », Don Carlos est vêtu d'« un riche costume de velours et de soie, à la mode castillane de 1515 » agrémenté d'« une veste à la française ».

• le décor symbolique :

Il est fondé sur des oppositions de couleurs, suivant le procédé de l'antithèse*, fondamental et constant chez Hugo.

– Dona Sol, un ange, est vêtue de blanc

– La duègne, une vieille sorcière, de noir.

– La chambre offre un contraste entre la lumière diffusée par une lampe sur la table et la profonde obscurité générale donnant ainsi une impression de mystère, voire d'angoisse. De plus, les rideaux cramoisis ajoutent à cette atmosphère un présage de sang.

Les aspects mélodramatiques

Ils sont créés :

• par les jeux d'ombre et de lumière,

• par la topographie des lieux : escalier dérobé, porte masquée, armoire dissimulée dans un mur,

1. Gouvernante ou femme âgée, chargée de garder les jeunes filles en Espagne.

• par les déguisements :

– de Don Carlos portant « un chapeau rabattu » et » un manteau » pour dissimuler son identité,

– d'Hernani, qui est vêtu comme un montagnard,

• par le port d'armes, (épées, poignards),

• par le discours d'Hernani évoquant longuement le mystère de son identité qu'il ne dévoile pas,

• par l'ignorance des protagonistes quant à leur identité respective : la duègne, Dona Sol ignorent qui est l'inconnu qui s'est introduit par surprise dans la chambre, Don Carlos ne sait pas qui est Hernani et Dona Sol, qui pourtant l'aime, ne le sait pas non plus,

• par les effets :

– de quiproquo* : la duègne prend don Carlos pour Hernani,

– de surprise : le duc revient à l'improviste.

Les éléments provocateurs

Ils révèlent une esthétique nouvelle :

• par le traitement de l'alexandrin :

Ses douze syllabes sont disloquées en deux, trois, quatre ,cinq ou même six répliques :

HERNANI, *montrant l'armoire à Don Carlos*

Cachons-nous.

DON CARLOS

Dans l'armoire ?

HERNANI, *montrant la porte*

Entrez-y. Je m'en charge.

HERNANI

Nous y tiendrons tous deux.

DON CARLOS

Grand merci, c'est trop large.

(I, 2, v. 211-212)

Une telle rupture peut se produire à l'intérieur même d'un alexandrin, dont la diction hachée est destinée à traduire l'émotion produite par la passion :

Je suis à vous./ Pourquoi // fais-j(e) ainsi ?/ ***je*** *l'ignore.*
1 2 3 4 5 6 / 7 8 9 10 11 12 (I,1, v. 155).

Par contre, grâce à la présence d'allitérations* et d'assonances*, alliées aussi à la récurrence de mots (« vous » x 3, « voir » x 2, « de » x 3), les monosyllabes et les dissyllabes peuvent avoir un rythme cadencé et euphonique :

J'ai besoin de ***vous voir*** *et de* ***vous voir*** *encore*
Et de ***vous voir*** *toujours. (...........................)* (I,2, vers 156-157)

• par la vulgarité voulue, contraire aux bienséances* :

On constate la présence de mots considérés comme bas : « armoire », « balai », « escalier », « fenêtre », « écurie »,

– d'une dissonance de ton : l'amoureuse éperdue craint que son héros ne s'enrhume !

• par la situation dramatique elle-même :

Ce jeune roi est un élégant qui craint de chiffonner sa veste à la française, un coureur de jupons assez immoral, un voyeur, prêt non seulement à se cacher dans une armoire mais encore à partager la femme qu'il désire (v. 190).

Le mélange des genres*

Il est très sensible par l'opposition voulue :

• des personnages : une duègne cupide, menteuse, peureuse, et une jeune fille pure, passionnée, héroïque même. Dona Sol décide elle-même de se faire enlever, de suivre (« Je vous suivrai », « Je vous suivrai », « je vous suis ») un « bandit »jusqu'à l'échafaud,

• de l'enchaînement des scènes : de la scène 1 comique, voire grotesque*, à la grande scène 2 lyrique, qui tourne à la scène de vaudeville* par l'irruption de Don Carlos sortant de l'armoire,

• de nombreuses situations générant une véritable imbrication des genres*. Le duel était tragique : l'irruption soudaine du vieillard amoureux et trompé (thème récurrent de la comédie) l'interrompt et le dédramatise.

L'une des causes originale du mélange des genres* — une des caractéristiques du drame romantique* — réside dans la variation des points de vue adoptés par les différents personnages et par les lecteurs/ spectateurs.

La signification du personnage, présent et invisible, peut être considérée comme ridicule (Orgon, pleutre, caché sous la table dans *Le Tartuffe* de Molière) ou particulièrement dramatique (Néron, sadique épiant les amants dans *Britannicus* de Racine). Là, Don Carlos, loin de faire rire à ses dépens, malgré ses de dix neuf ans, maîtrise parfaitement par une élégance et une ironie corrosive une situation peu glorieuse : sortir d'une armoire où il se tenait caché. Dans le duel qu'Hernani lui impose, les deux jeunes gens font tous deux preuve d'une égale grandeur. Grotesque* et sublime* alternent donc au cours d'une même scène.

Hernani considère comme tragique la clandestinité dans laquelle il vit un amour interdit avec Dona Sol, à l'insu de Don Ruy Gomez. Don Carlos trouve cet interdit plaisant, dérisoire. « Trois pour une » (belle) excite ce libertin mais rend Hernani fou de jalousie ainsi que Don Ruy Gomez.

Le thème du vieillard amoureux peut être comique (Arnolphe dans *L'École des Femmes* de Molière) ou tragique (Mithridate dans la pièce de Racine du même nom) ; dans la scène 3 d'*Hernani*, le vieillard reste fort noble et digne, mais Don Carlos s'apprête à le berner.

Cette exposition* pourtant très conforme à la dramaturgie classique est cependant volontairement et parfaitement **provocatrice** : elle est comme une rapide mise en œuvre de la théorie du drame romantique*.

- **Scène 3**

A l'arrivée de l'intraitable vieillard, l'inconnu sauve la situation en proclamant son identité : il est le roi Don Carlos. Il use d'un prétexte politique pour justifier sa présence : il est venu incognito consulter Don Ruy Gomez car l'empereur est mort et il veut briguer sa succession. Don Carlos a la générosité de sauver Hernani, (un rival et un rival aimé) en le désignant comme un « homme de sa suite ».

Durant les excuses de Don Ruy Gomez, le roi entend Dona Sol demander à Hernani de l'enlever le lendemain soir, à minuit.

- **Scène 4**

Resté seul sur la scène, Hernani monologue. Il était animé d'un tel amour pour Dona Sol que son cœur n'était plus assez large pour conserver sa haine envers le roi ; mais celle-ci est désormais décuplée par la rivalité amoureuse.

Acte II : « Le bandit »

- **Scène 1**

Le lendemain, à l'aube, Don Carlos décide de se faire passer pour Hernani et d'enlever de force Dona Sol, avec une partie de sa suite. Il recommande à ses hommes de s'opposer à Hernani mais de ne pas le tuer.

- **Scène 2**

Dona Sol repousse les avances du Don Carlos qui lui promet un trône : « Vous serez reine, impératrice. », qui se plaint de sa solitude : « Moi, je suis seul. » et tente enfin de la forcer. La jeune fille se débat, arrache au roi le poignard qu'il porte à la ceinture et l'en menace : « Pour un pas, je vous tue et me tue » (v. 543). Elle appelle alors Hernani au secours : celui-ci surgit.

• Scène 3

Un nouvel affrontement a lieu entre les deux rivaux : le roi et le bandit. Le roi refuse un duel avec un personnage obscur et propose froidement à Hernani de l'assassiner ; Hernani hésite, brise son épée et dit à Don Carlos « Va-t'en donc ! » Don Carlos le bannit mais la bande d'Hernani arrive et met son chef en position de supériorité. A son tour Hernani rivalise de générosité et protège la fuite du roi en le revêtant de son propre manteau. On peut aussi remarquer une intertextualité* certaine entre l'*Hamlet* de Shakespeare[1] et l'*Hernani* d'Hugo, — semblable à celle qui existera entre l'*Hernani* (183O) et le *Lorenzaccio* (1834) du à Musset — qui se traduit par une sorte de paralysie devant l'acte de vengeance et d'honneur à accomplir. Hommes de réflexion et d'amour, ces héros, répugnent à l'action et au meurtre qu'ils s'imposent.

Pistes d'analyse pour l'étude de la scène 3

Cette scène est remarquable par la double lecture qu'on en peut faire.

Une première lecture met en lumière une nouvelle manifestation de **l'honneur castillan,** l'un des thèmes privilégiés par Hugo.

En effet, les deux héros s'insultent avec un égal courage mais d'une manière différente : Don Carlos manifeste un sang froid admirable, un mépris hautain : « Assassinez » et ose, alors qu'il est à sa merci, menacer Hernani : « Je vous mets au ban de l'empire. » Le « VOUS » de Carlos à Hernani est une marque de distance méprisante alors que le « TU » d'Hernani à Carlos est un défi qui dénie le respect dû à un roi très catholique, représentant de Dieu sur la terre. Mais, lors de ce deuxième affrontement qui se tourne à l'avantage d'Hernani à cause de l'arrivée de ses montagnards, en vertu d'un même sens de l'honneur et de la générosité, c'est au tour du brigand d'épargner le Roi qui l'a sauvé de la colère de Don Ruy Gomez.

Cependant une lecture plus fine, malgré une apparente haine réciproque, montre, entre les deux hommes, d'étranges affinités (qui ne feront que s'accentuer au cours de l'action), **une sorte de gémellité**[2] que décrit fort bien J. Massin : « Ils aiment la même femme ; ils s'introduisent tous deux en cachette. Le premier doit enlever la femme consentante, le second tente de l'enlever en se faisant passer pour le premier ; le premier revient et se décide à un nouvel enlèvement, le second — à l'acte suivant — enlève [...].

---

1. Shakespeare, le plus grand auteur dramatique anglais (1564-1616) est très admiré par les écrivains romantiques. *Hamlet* est l'un de ses drames les plus connus. Se reporter à A. Détrie, *Hamlet,* p. 32, collection « Résonances », Ellipses, 1994.
2. Affinités profondes qui existent entre les jumeaux.

Ils se battent en duel ; Carlos demande à ses sbires de ne pas tuer Hernani ; Hernani dit à Carlos « Tu ne seras pas touché par un autre que moi ». Carlos protège Hernani contre le vieux duc en le faisant passer pour un homme de sa suite ; Hernani protège Carlos contre les hommes de sa bande en le couvrant de son manteau[1] ».

On peut donc remarquer que les deux protagonistes manifestent un même mépris de la mort, qu'ils font preuve d'un même instinct suicidaire en se mettant volontairement à la merci du « frère ennemi » dont ils proclament pourtant vouloir la mort alors qu'ils l'épargnent chaque fois qu'il est en leur pouvoir tant ils paraissent attachés à leur double.

Cette gémellité éclate également dans le duel verbal, où les répliques s'enchevêtrent (parfois vers par vers dans une sorte de stichomythie*) dans une égale provocation et une superbe égale, où les alexandrins disloqués s'enchaînent et où le rythme, volontairement cassé par de constants enjambements*, donne cependant une impression de continuité majestueuse :

DON CARLOS

Je vous fais mettre au ban du royaume.

HERNANI

J'y suis

Déjà.

DON CARLOS

Bien.

HERNANI

Mais la France est auprès de l'Espagne.
C'est un port.

DON CARLOS

Je vais être empereur d'Allemagne.
Je vous fais mettre au ban de l'Empire.

HERNANI

A ton gré.

J'ai le reste du monde où je te braverai.
Il est plus d'un asile où ta puissance tombe.

DON CARLOS

Et quand j'aurai le monde ?

HERNANI

Alors, j'aurai la tombe.

(II, 3, v. 608-614)

Enfin, une même solitude afflige le banni et le roi que peut, seule, combler la même femme.

Il s'agit donc des « frères ennemis ». Comme on en trouve beaucoup dans les drames et les romans d'Hugo, on ne peut s'empêcher de penser à la

1. *Hernani*, présentation de Jean Massin, tome III, Club du Livre, p. 905.

relation ambivalente d'amour et de haine qui unissait Victor Hugo à son frère Eugène, due d'abord à l'affection passionnée qu'ils portaient à leur mère puis à leur rivalité littéraire.

L'amour de Dona Sol pour Hernani avait déjà éclaté tant dans les duos lyriques que dans la décision de se faire enlever et de suivre partout un bandit dont elle ignore jusqu'à l'identité. Au cours de cette scène 3, non seulement, jeune fille de haute noblesse, âgée de dix-sept ans, elle préfère une rude vie d'aventure à un mariage avec le duc ou même avec le roi mais elle donne là une éclatante preuve d'héroïsme en s'emparant du poignard de Don Carlos avec lequel elle le menace.

- **Scène 4**

Un deuxième duo d'amour a lieu entre les amants. Il fait contraste avec celui de l'Acte I, scène 2 où tout était espoir et lumière.

Cette scène préfigure les noces de deuil, de sang et d'extase du dénouement*, leur expression lyrique*.

Dona Sol dit à Hernani :

> Non, je te suis ! je veux ma part de ton linceul !
> Je m'attache à tes pas. (II, 4, v. 674-5)

Hernani clame sa destinée maudite dans un trimètre* :

> Je suis banni ! / Je suis proscrit ! /Je suis funeste !
> (II, 4, v. 688)

Les romantiques l'ont souvent utilisé à la place du tétramètre* : il crée un effet de rythme particulièrement noble.

Ensuite Hernani, négligeant tous dangers et toute sécurité, se laisse aller au bonheur et au lyrisme :

> Parle-moi, ravis-moi ! […] (v. 691)

Mais le bruit sinistre du tocsin l'oblige à fuir, seul.

- **Bilan de l'acte II**

L'acte II n'a pas fait progresser l'action : ni Hernani, ni le roi n'ont réussi à s'enfuir avec Dona Sol, il a cependant permis de mieux révéler les caractères des trois jeunes protagonistes.

Acte III : « Le vieillard »

• Scène 1

Don Ruy Gomez s'apprête à épouser sa nièce Dona Sol et lui parle de son amour « sévère, profond, solide et pur, paternel, amical » (v. 766-67). Il l'appelle son « enfant » (v. 796), sa « sœur » et l'investit d'une dimension sacrée :« innocente colombe », « ange pur », « madone », correspondant à la vision éthérée de la vierge pure et de la femme protectrice. En entendant un page annoncer que la tête d'Hernani a été mise à prix « mille carolus d'or » mais qu'il est sans doute mort comme tous ses compagnons, Dona Sol, désespérée, ne songe plus, elle aussi, qu'à mourir et se retire.

• Scène 2

Un pèlerin demande à Don Ruy Gomez une hospitalité qu'il lui accorde généreusement. Les didascalies* apprennent aux lecteurs que Dona Sol apparaît vêtue en mariée castillane, suivie de deux femmes portant un riche écrin de bijoux. L'hôte inconnu regarde mariée et écrin « avec des yeux ardents ».

• Scène 3

Se croyant trahi, Hernani, qui se dissimulait sous la robe de pèlerin, adopte une conduite suicidaire en déchirant son déguisement et en criant à toute l'assistance :« Je suis Hernani ! » Don Ruy Gomez qui n'est pas sûr de ses gens lui demande de se taire, promet de sauver son hôte et, pour prendre les mesures nécessaires, donne ordre de retarder son mariage et sort.

• Scène 4

Hernani adresse de violents reproches à Dona Sol qui, du fond de l'écrin de bijoux, sort le poignard qu'elle prit au roi Carlos, objet viril mais gage de sa pureté et de sa fidélité. Hernani tombe à ses pieds pour lui demander un pardon qu'elle lui accorde et lui explique qui il est. Dona Sol l'assure, une fois de plus, de son amour.

Quelques pistes d'analyse de la deuxième tirade* d'Hernani (vers 973 à 1004)

Monts d'Aragon ! Galice ! Estramadoure !
– Oh ! je porte malheur à tout ce qui m'entoure ! —
(………………………………………………………)
Hélas ! sans le vouloir, je te ferai du mal. (III, 4, v. 973 à 1004)

Les jeunes Romantiques de 1830 ont pu trouver dans ces 33 vers des éléments (sentiment d'exception, prédestination, malheur, solitude et mort) propres à caractériser l'une des plus brillantes incarnations du héros-type de leur génération.

Trois mouvements peuvent être repérés :

– vers 973 à 981 : Hernani s'adresse par trois synecdoques* (« Monts d'Aragon », « Galice, » « Estramadoure ») à son Espagne mythique et symbolique, regrettant d'avoir causé le malheur et la mort de ses meilleurs compagnons ;

– vers 982 à 991 : il demande une fois de plus à Dona Sol de le fuir.

– vers 992 à 1003 : il tente de lui révéler l'être d'exception qu'il est.

Il est possible de dégager **quelques axes de lecture méthodique :**

Un « moi » hypertrophié à la sensibilité exacerbée

Il est inscrit dans cette tirade* par :

• la présence de 32 déictiques* de la première personne : « JE » x 14, « MOI » x 3, « ME » x 8, et de 4 adjectifs possessifs : « mes », « ma » x 2, « mon ».

• les modalités d'énonciation liées à la fonction* expressive (ou émotive) du langage : notons les 18 types de phrases exclamatives révélant l'extrême exaltation du moi,

Une victime du destin, un homme voué au malheur, à la solitude, et à la mort

Hernani est prédestiné (« fatal », « destinée », « destin », « agent aveugle et sourd », une « force qui va »).

Il est voué au « malheur » (3 réitérations).

Il est poussé « D'un souffle impétueux, d'un destin insensé » qui le mène à « l'abîme ».

Chargé « d'un mandat d'anathème » (v. 103), c'est-à-dire d'une mission de vengeance que lui a donnée son père, ce jeune homme de vingt ans est « un banni », « un proscrit », un exclu mis au ban de la société et du royaume.

Le champ lexical d'une mort prémonitoire est très développé dans cet extrait (« morts », « tombés », « quitte », « funèbres », « ténèbres », « abîme »)

Une image développe le vertige de la perdition auquel Hernani est en proie :

Une voix me dit : Marche ! et l'abîme est profond,
Et de flamme et de sang je le vois rouge au fond ! (v. 988-999)

Car sur lui pèse une fatalité inexorable : « La poésie romantique, imprégnée de toute l'inquiétude humaine, rend au destin le rôle que la tragédie grecque d'Eschyle lui avait d'abord attribué et que la poésie classique assignait à la fatalité intérieure des passions. Elle dresse, mystère vivant, accusation contre le ciel, le type de « l'homme fatal » dont Hernani, après René, est un merveilleux exemple[1]. »

Dona Sol doit fuir la contagion du malheur

Le pronom indéfini « tout », par 5 fois réitéré, (« **tout** ce qui m'épouse... », « **tout** ce qui n'est pas moi.. », « **Tout** me quitte », « **Tout** se brise, **tout** meurt » ainsi que le dernier hémistiche* de la tirade* (« je te ferai du mal ») l'attestent.

Les trois mêmes impératifs (liés à la fonction* conative du langage) sont présents :

*Dona Sol/, prends **le duc** //, prends **l'enfer**/, prends **le roi** !/*

(v. 983)

(Notons la gradation dans l'horreur, soutenue par les coupes du tétramètre*).

« **Fuis** » (v. 987, 989,1003) est aussi répété. Centrés sur l'interlocuteur Dona Sol, pour l'exhorter à le quitter (fonction* conative du langage), ces trois derniers impératifs sont précédés par des « Oh ! », interjections suivies de points d'exclamation (type de phrase exclamative) qui mettent en valeur l'extrême émotion (fonction* expressive du langage) qui agite le héros en donnant cet ordre qui le brise, traduisant ainsi son désir ambigu et contradictoire.

• Scène 5

Don Ruy Gomez arrive et surprend Hernani et Dona Sol « tous les deux dans les bras de l'autre, se (regardant) avec extase ». Il est fou de colère et de jalousie. Hernani l'assure de la pureté de Dona Sol, de sa seule culpabilité et offre sa vie. C'est alors qu'est annoncée l'arrivée du roi. Le duc, pour qui l'hospitalité est un devoir sacré et qui met en jeu son honneur, introduit Hernani dans une cachette dissimulée sous son propre portrait.

• Scène 6

Le roi, devant ce château en état d'alerte et armé, pense que les révoltes contre le pouvoir royal recommencent et que Don Ruy Gomez est un

1. M. Levaillant, ouvrage cité, p. 32 ; de plus ces vers d'*Hernani* font écho à la lettre de Chateaubriand adressée le 5 avril 1828 à Mademoiselle de Villeneuve : « [...] Je ne puis vous donner que du malheur, je ne parle pas du malheur que je porte en moi, je parle de celui que je donne. Toutes les personnes qui se sont attachées à moi en ont souffert... Je ne dispose ni de ma vie intérieure, ni de ma vie extérieure, je ne puis régler ni mon cœur, ni ma destinée. »

seigneur rebelle qui cache et protège Hernani. Il exige que la tête du bandit lui soit livrée. Le duc prend à témoin les portraits de ses ancêtres et refuse de livrer un hôte, personne sacrée. Le roi donne l'ordre d'arrêter le duc. Alors Dona Sol arrache son voile et ose clamer :

Roi Don Carlos, vous êtes
Un mauvais roi !

(v. 1210-1211).

Le rejet* accentue l'insulte.

Le roi impose un marché à Don Ruy Gomez : soit il lui livre Hernani, soit sa nièce sera emmenée en otage. Don Carlos renonce au désir de vengeance qui l'anime à l'égard d'Hernani pour tenter de forcer l'amour par ce rapt. C'est un dilemme terrible pour le vieillard amoureux dont cependant le courage, animé par le sentiment de l'honneur castillan, ne faiblit pas. Malgré les supplications de Don Ruy Gomez, le roi lui arrache Dona Sol et l'enlève.

Le duc décide d'être désormais un sujet rebelle.

Pistes pour l'étude de la tirade*[1] dite des portraits (III, 6, v. 1132 à 1182)

Depuis *Le Cid* de Corneille évoqué dans la « Préface » d'*Hernani*, l'Espagne et l'honneur sont inscrits dans l'horizon d'attente* des spectateurs français. Le sous-titre du drame,« l'honneur castillan » est encore incarné par un troisième personnage Don Ruy Gomez.

C'est là une première lecture de cette scène, prouvée par des indices textuels très explicites.

Les apostrophes* aux ancêtres morts, grands d'Espagne qui ont tous servi loyalement leur roi (Cristoval, v. 1140 à1144) et joué un rôle historique (Don Jayme, champion de la chrétienté contre les Maures, v. 1162 à 1064) cautionnent la légitimité du duc. Il est le descendant de héros épiques* (en particulier de Don Ruy Gomez de Silva, v. 1145-50, le propre père du duc et son exploit presque mythique, v. 1170 à 1175) et fidèles à la parole donnée (en particulier Gil : v. 1153 et 54, et Jayme : v. 1166).

Touchant « Du pied à tous les ducs, du front à tous les rois » (notons le parallélisme syntaxique et rythmique, la valeur épique* de l'image du vers 1160), le duc ne peut faillir à la noblesse de sa lignée à laquelle il sacrifie ici ses intérêts personnels, sa jalousie envers Hernani, et sa passion pour Dona Sol.

1. La tirade est entrecoupée par trois brèves répliques identiques de don Carlos : « Mon prisonnier… ».

Mais le rôle thématique*, voire symbolique de Don Ruy Gomez est annoncé par le titre que porte l'acte III :« le vieillard. » Pour le critique Charles Baudoin, le vieillard symbolise surtout la fonction aliénatrice du passé et son « honneur castillan »se ramène au culte du révolu. En se référant à Baudoin, voici comment J. Massin analyse cette fameuse scène des portraits : « Don Ruy Gomez n'agit pas, ne juge pas par lui-même : les portraits le font pour lui et il veut que les portraits le fassent pour lui. Dans cet ordre chronologique implacable auquel il adhère, puisque la race dégénère : son père le juge et son grand-père juge son père et ainsi de suite tout au long de l'interminable galerie. Derrière lui, un soleil éteint d'une splendeur inégalable (on garde à don Galceran de Silva, premier espagnol de la lignée "une châsse dorée où brillent mille cierges"). Devant lui, — la nuit des temps. C'est eux qu'il interroge, qu'il prend à témoin, qu'il consulte ; eux dont l'immobile présence le contraint à sacrifier sa pupille à son hôte, eux dont le regard, déjà pour lui comme pour Caïn, est la conscience : "Ayez pitié de moi,/ Vous tous ! Oh ! voilez-vous ! vôtre regard m'arrête[1] !" » Nous verrons que cette interprétation n'est pas sans intérêt pour tenter d'expliquer le dénouement*.

Scène 7

Don Ruy Gomez ouvre la cachette : Hernani en sort sans avoir rien entendu de ce qui s'est passé. Il apprend au duc que le roi est leur rival. Tous deux concluent alors un pacte pour se venger du roi et sauver l'honneur de Dona Sol. La vengeance accomplie, le duc pourra exiger la mort d'Hernani au premier son du cor que le jeune homme lui remet comme gage de sa bonne foi.

En remettant à Don Ruy Gomez l'insigne du commandement, le cor qui ralliait sa bande à travers la montagne, Hernani non seulement lui livre sa vie mais aussi le droit quasi paternel d'une maîtrise sur sa vie : c'est la seule fois où, dans la pièce, il appelle le duc « mon père ».

• Bilan de l'acte III

L'enlèvement de Dona Sol est une véritable *péripétie**, une double révélation : Hernani apprend que Don Carlos a enlevé Dona Sol et le duc que le roi convoite sa nièce (deux informations que possédaient d'ailleurs les spectateurs et que l'on appelle au théâtre la double énonciation* ou plus exactement la double destination). *Le nœud de l'action** se noue puisque les deux rivaux que sont Hernani et Don Ruy Gomez, malgré leur haine

1. Présentation par J. Massin, Club du Livre, tome III, p. 912.

réciproque, s'allient contre leur ennemi commun pour tenter de délivrer la captive qu'ils aiment. Hernani a abandonné ses montagnards en abandonnant son cor.

Acte IV : « Le tombeau »

• Scène 1

C'est encore une ouverture à personnages multiples rassemblés dans le caveau de Charlemagne à Aix-la-Chapelle autour du Roi Don Carlos. Ils attendent tous un événement historique d'importance capitale, le résultat de l'élection impériale qui sera annoncé par des coups de canon : trois s'il s'agit du roi d'Espagne. Don Carlos est dans l'angoisse, il mande qu'on aille lui chercher Dona Sol qui se laissera peut-être fléchir s'il est élu empereur. Le roi tend, dans ce sombre lieu, une embuscade aux neuf conjurés qui veulent sa mort et dont il connaît l'identité (sauf celle d'un jeune homme et d'un vieillard). Ce Don Ricardo, ce mouchard, méprisé des autres courtisans et du roi lui-même, est nommé alcade du palais — c'est-à-dire une sorte de magistrat, de chef de la police — car il faut régner efficacement et non innocemment : ainsi l'impose le réalisme politique. En attendant le résultat du vote des Grands Électeurs, Don Carlos congédie sa suite pour méditer.

• Scène 2

Il monologue* longuement sur l'état actuel de l'Europe et sur la puissance et le poids de la dignité qu'il convoite.

Pistes d'analyse pour l'étude du monologue* de Don Carlos[1] (vers 1432 à 1600)

Vers 1435 à 1487

Don Carlos commence par une apostrophe* à Charlemagne, l'ancêtre mythique, « géant d'un monde créateur », le premier à avoir tenté d'unifier l'Europe. Monde régi par deux chefs élus (« Le pape et l'empereur sont tout »,[...] « L'un est la vérité, l'autre est la force. ») que le peuple redoute.

1. On sait que ce n'est pas à Aix-la-Chapelle mais à Francfort que Don Carlos fut élu empereur le 28 juin 1519. C'est donc précisément pour le faire rencontrer l'ombre du grand Charlemagne qu'Hugo a volontairement changé le fait historique comme d'ailleurs le recommandait Vigny : « la vérité dont [l'Art] doit se nourrir est la *vérité d'observation sur la nature humaine* et non *l'authenticité du fait...* »

A l'issue de cette séquence, ce distique* :

L'univers ébloui contemple avec terreur
Ces deux moitiés de Dieu, le pape et l'empereur.

(v. 1480 et 1481)

résume la conception que le Moyen Age (d'après les écrits de saint Thomas d'Aquin — 1225-1274) s'était faite du partage de l'autorité (spirituelle et temporelle) émanant directement de Dieu vers les hommes.

Vers 1481 à 1510

Don Carlos commente l'œuvre grandiose de Charlemagne qui fit une « Europe nouvelle ». Puis il médite sur la mort et la vanité des actions humaines.

Vers 1511 à 1555

Don Carlos, hanté par l'image de l'édifice européen, se place lui-même par l'esprit,« tout en haut ». De ce sommet, de degrés en degrés, il voit mieux l'architecture féodale. En effet, le pouvoir impérial est établi sur une société fortement hiérarchisée, symbolisée par une « pyramide » (première métaphore* filée) mais il dépend cependant du peuple/« océan », masse informe, vite émue, mouvante et qui peut faire des révolutions. Cette idée est évoquée par une deuxième métaphore* filée, marine[1] (v. 1537 à 1547).

Vers 1556 1600

Don Carlos, plein de doutes sur lui-même, semble écrasé par l'ampleur de la tâche à venir :

– Puis, quand j'aurai ce globe entre mes mains, qu'en faire ?
Le pourrai-je porter seulement ? Qu'ai-je en moi ?
Être empereur, mon Dieu ! j'avais trop d'être roi »

(v. 1553 à 1556)

Vers 1560 à 1599

Don Carlos, à genoux, demande à Charlemagne d'être son père spirituel, de le conseiller, de l'aider à dépouiller « le vieil homme de dix neuf ans » qui est en lui pour accéder à la dignité impériale et à la responsabilité. Il paraît alors se souvenir de l'existence des conjurés doit-il punir ou pardonner ? :

Apprends-moi tes secrets de vaincre et de régner,
Et dis-moi qu'il vaut mieux punir que pardonner[2]. (v. 1571-72)

---

1. Placée au cœur du monologue, cette vision prouve bien que la sensibilité démocratique d'Hugo est antérieure à la Révolution de 1830.
2. C'est aussi la question que se pose et que pose au Ciel Auguste dans le *Cinna* de Corneille, Acte IV, scène 2. Dans la scène 3, l'impératrice Livie veut au contraire le forcer à croire :
« Qu'il peut, en faisant grâce, affermir son pouvoir
Et qu'enfin *la clémence* est la plus belle marque
Qui fasse à l'univers connaître un vrai monarque ».

Puis, malgré son angoisse existentielle et le bruit des pas de ses assassins qui s'approchent, le roi se décide à pénétrer, seul, dans l'intérieur du tombeau pour étudier le crâne du cadavre de l'empereur[1].

Résumons le mouvement du monologue et sa progression dramatique : après l'apostrophe* initiale, la pensée de Don Carlos s'était tournée de l'empereur à l'empire. Elle revient vers Charlemagne. A la fin, le roi se décide à abandonner l'évocation d'une grande ombre pour un tête à tête avec une réalité : la présence et l'étude du crâne du cadavre de Charlemagne[2].

Que la cendre, à défaut de l'ombre, me conseille ! (v. 1595).

L'approche des conjurés dont il entend le bruit de pas ne le détourne pas de sa résolution.

• Bilan de la scène 2

Ce très long monologue n'est pas détaché de l'action. Il a en effet des fonctions dans la diégèse* :

– il aide à dégager la signification historique du drame juste au moment où l'action de celui-ci est parvenue au point critique : c'est un procédé très sûr pour introduire la dimension épique* ;

– il prépare, par la transformation morale de Don Carlos devenu Charles-Quint, la péripétie* principale de la pièce : le pardon accordé à tous les conjurés et en particulier à Hernani.

• Scène 3

C'est la scène des conjurés. Hernani, par un tirage au sort, est désigné pour tuer le roi : il est tellement fou de joie à la pensée de remplir l'honneur castillan en vengeant à la fois son père et Dona Sol qu'il refuse d'échanger cet honneur avec Don Ruy Gomez. Le Duc offrait cependant de lui rendre son cor, symbole du droit de vie et de mort qu'il a sur Hernani.

Tous les conjurés prêtent serment sur la croix : faire périr Don Carlos.

Les didascalies* indiquent alors que trois coups de canon annoncent l'accession de Don Carlos à l'empire. Celui-ci ouvre la porte du tombeau, reste « debout et immobile sur le seuil ».

---

1. On voit l'importance accordée au XIXe siècle. à une science nouvelle : la phrénologie — ou examen du cerveau — qui séduisit aussi Balzac.
2. On ne peut s'empêcher de penser aux peintures représentant des « vanités » : ce sont des toiles où le peintre, pour bien montrer que cette vie est transitoire, figurait, parmi les autres représentations, un crâne.

• Bilan de la scène 3

On constate

– la possibilité d'un dénouement* heureux si Hernani avait accepté l'échange et repris son cor,

– la présence de la troisième cachette de la pièce. Dans cette scène, cet artifice, loin d'être du ressort de la comédie, est particulièrement tragique : le roi enfermé, seul, dans le tombeau connaît l'existence des conjurés qui risquent leur tête mais le roi est à la merci de ses neuf ennemis quand il sort du tombeau « immobile sur le seuil »,

– l'utilisation, pour créer un effet d'attente angoissée et de coups de théâtre, de la double énonciation* : alors que les spectateurs détiennent **toutes** les informations, le roi ignore que les deux conjurés, inconnus de ses services secrets, sont Hernani et Don Ruy Gomez, les conjurés ignorent que le roi est enfermé dans le tombeau et enfin Hernani et Don Ruy Gomez ignorent que Carlos a emmené avec lui Dona Sol à Aix-la-Chapelle et qu'elle va bientôt paraître ici même.

• Scène 4

Toujours aussi héroïque et ironique, fidèle à l'honneur castillan, l'empereur s'adresse aux conjurés :

> Allons ! relevez donc vos têtes abattues,
> Car voici Charles-Quint ! Frappez, faites un pas !
> Voyons, oserez-vous ? Non, vous n'oserez pas.
>
> (v. 1662 à 1664)

Devant l'inertie des conjurés, Don Carlos appelle toute sa suite et fait désarmer les conspirateurs. C'est alors que paraît Dona Sol qui court se réfugier dans les bras d'Hernani, en lui montrant le poignard, gage de sa pureté.

Don Carlos décide de ne faire arrêter que les grands d'Espagne. Hernani qui, seul, semble sauvé se nomme alors « Je suis Jean d'Aragon[1] ! », explique les raisons qui ont fait de lui un régicide et rejoint le groupe des prisonniers. Dona Sol se précipite aux pieds de l'empereur :

---

1. Le nom d'Aragon est historiquement impossible : le seul descendant d'Aragon est justement Don Carlos. C'est la deuxième liberté historique prise par Hugo.

Sire, soyez clément,
Ou frappez-nous tous deux car il est mon amant,
Mon époux !

(v. 1746 à1749)

Non seulement Carlos fait grâce à Hernani — et à tous les conjurés — mais il lui donne Dona Sol comme épouse et lui passe au cou sa Toison d'or qui le fait chevalier. Seul Don Ruy Gomez reste désespéré.

Pistes d'analyse pour l'étude de la scène 3

La « gémellarité[1]

Les conjurés désarmés, Charles-Quint fait d'abord grâce au seul Hernani qu'il a toutes les raisons de détester. Hernani, en se déclarant Jean d'Aragon encourt la peine de mort. Avec hâte, Don Carlos non seulement lui pardonne mais encore lui donne pour épouse Dona Sol. Plus encore, il rend à son rival tous ses droits, tous ses titres, le comble en lui passant au cou sa propre Toison d'or et lui demande d'être heureux à sa place.

L'impuissance éprouvée par Hernani devant le meurtre à accomplir

Pour la deuxième fois, Don Carlos, seul immobile, est en son pouvoir. En présence de tous les conjurés, il a été désigné pour le tuer : il en a exprimé un intense bonheur puisqu'il unit deux mobiles : « J'ai mon père à venger !... peut-être plus encor ! » et qu'ainsi sa vie et son action reprennent sens. Paradoxalement, lui qui a juré sur la croix de frapper à mort, reste interdit.

L'abandon du père au profit de l'amante et du bonheur

Le choix de la vie au détriment de la mort :

Oh ! ma haine s'en va ! [...] (v. 1760)
Je n'ai plus que de l'amour dans l'âme. (v. 1765)

La culpabilité d'Hernani, qui non seulement n'a pas vengé son père mais encore qui a prêté serment à don Ruy Gomez sur cette tête sacrée s'exprime par deux fois (dans les scènes 6, v. 2041, et 6, v. 2063 de l'acte V) lui interdira la révolte et lui fera accepter cette mort absurde.

L'héroïsme de Dona Sol

C'est la parfaite héroïne romantique pour qui agir — même au péril de sa propre vie — c'est aimer. Pour conserver son honneur, elle a arraché le poignard de Don Carlos. Pour sauver son « bandit », elle s'est jetée à genoux devant Don Ruy Gomez, pour sauver Don Juan d'Aragon, elle se jette devant l'empereur :

1. Barbarisme crée par le critique J. Massin pour dire gémellité.

Sire, pardon ! pitié ! Sire, soyez clément !
Ou frappez-nous tous les deux, car il est mon amant,
Mon époux ! En lui seul je respire. Oh ! je tremble. (v. 1747-1749)

La métamorphose de Don Carlos

Lors de sa longue méditation, Don Carlos avait déjà demandé à Charlemagne de l'éclairer : devait-il punir ou pardonner ? Aussi la supplication (« Sire, soyez clément ! ») de la femme qu'il aime ne peut que le toucher. C'est par les paroles qu'il adresse à Dona Sol qu'Hernani apprend sa grâce :

Allons ! relevez-vous, duchesse de Segorbe... (v. 1755)

L'aparté* révèle au spectateur la mort de Carlos :

Éteins-toi, cœur jeune et plein de flamme ! (v. 1766)

et la naissance de Charles-Quint. Celui-ci doit mourir à lui-même, renoncer au bonheur pour accomplir sa mission, pour faire l'Histoire. Il a commencé par l'acte de **clémence** qui le déchire le plus. Le pardon aux autres conjurés, plus facile, est ultérieur :

Allez, je vous pardonne !
(..)
Ce n'est pas vainement qu'à Charles premier, roi,
L'empereur Charles-Quint succède... (v. 1781 à 1784)

Le très jeune roi courageux, séduisant, cynique et libertin a certes été transformé par « la grande ombre »mais aussi par le rayonnement, la grâce de Dona Sol, la vierge, amante et héroïque sur laquelle son pouvoir s'est émoussé. Il y a chez lui abandon de l'éros (désir, passion et jalousie) au profit de l'agapé (la tendresse). Conversion dont le vieux duc est incapable, sublime par sa conception de l'honneur, grotesque* par son amour insensé, son égoïsme effréné, sa jalousie morbide.

• Scène 5

Nouveau mais court monologue de Charles-Quint qui remercie Charlemagne de l'avoir incité à la « clémence[1] ».

• Bilan de l'acte IV

Cet acte est épique* : Don Carlos est devenu un héros. Il est aussi pathétique* : Charles-Quint assume l'empire aux dépens de son propre

1. Intertexte* de Corneille, *Cinna*, Acte V, scène 3 : Octave devenu l'empereur Auguste fait grâce à Cinna, manifestant une clémence qui reste un exemple :
« Je suis maître de moi comme de l'univers ;
Je le suis, je veux l'être. O siècles, ô mémoire,
Conservez à jamais ma dernière victoire ! »

bonheur, les jeunes amants sont comblés. Si Don Ruy avait pardonné, la pièce s'achevait ici, par un dénouement* heureux. Mais sa terrible jalousie, son amour dénué de toute générosité subsistent.

Acte V : « La noce »

• Scène 1

C'est la troisième ouverture à personnages multiples. Au milieu des courtisans de Charles-Quint qui assistent à la fête que donne Jean d'Aragon dans son château restauré pour célébrer son mariage avec Dona Sol de Silva, passe un homme masqué, un « domino noir » qui paraît sinistre aux joyeux invités.

• Scène 2

Ceux-ci se retirent après avoir brièvement félicité les deux jeunes époux qui restent seuls.

• Scène 3

Ils chantent leur bonheur :

HERNANI

Je suis Jean d'Aragon, mari de Dona Sol !
Je suis heureux !

DONA SOL

Je suis heureuse ! (v. 1922-1923)

Elle souhaite entendre de la musique et, juste à ce moment, une didascalie* indique : « *On entend le bruit d'un cor dans l'ombre* ». Le public comprend la frayeur d'Hernani (« Ah ! Le tigre est en bas qui hurle et veut sa proie », v. 1983) qui éloigne Dona Sol sous prétexte de lui rapporter un élixir. Un effet de dramatisation est obtenu grâce au procédé de la double énonciation* : Dona Sol ignore le pacte qu'Hernani a conclu avec son oncle en lui remettant son cor et sa vie.

• Scène 4

Hernani reste seul mais très rapidement le domino noir apparaît.

• Scène 5

Au rappel du pacte, Hernani reconnaît Don Ruy Gomez qui lui laisse le choix de sa mort : fer ou poison. Hernani prend le poison. Au moment de l'avaler, il supplie le vieillard de lui accorder cette seule nuit de noce où doit se consommer son union avec Dona Sol. La jalousie du vieillard est à son comble : il refuse d'accéder à l'ultime supplication de son rival et va l'obliger d'obéir à l'honneur castillan. Il préfère l'accompagner dans une mort imminente que de le savoir l'époux de Dona Sol.

Hernani se révolte et refuse : « Je n'obéirai pas ». Don Ruy Gomez lui rappelle qu'il a juré d'obéir « sur la tête de son père », et s'apprête à sortir. Hernani lui demande de revenir et approche la fiole de poison de ses lèvres. C'est alors que « *rentre Dona Sol, sans voir le masque, qui est debout au fond.* »

• Scène 6

Dona Sol se rend compte qu'Hernani tient dans sa main du poison et lui demande quel est cet horrible mystère. Hernani lui répond :

> Aragon doit payer cette dette à Silva. (v. 2054)

Toujours héroïque Dona Sol se révolte contre le serment et, contre le duc qui surgit, démasqué. Elle tire son poignard pour l'en frapper mais elle le jette brusquement pour supplier : « Pitié ! Je l'aime tant ! » Cette déclaration attise la jalousie et la fureur du vieillard qui ordonne au jeune homme de boire le poison. Hernani, au nom de l'honneur castillan, du respect du à son père, est sur le point de l'absorber quand Dona Sol s'empare de la fiole et la vide à moitié avant de la lui rendre. Elle l'adjure alors de ne pas boire : le poison donne d'intolérables douleurs. Hernani boit et jette la fiole. Tous deux meurent dans une joie extatique. Le duc se tue.

Pistes d'analyse pour l'étude de la scène 6

Il est possible de conclure que :

– Les effets faciles et les artifices du mélodrame* (en particulier la réunion du cor, du masque et du poison et des trois cadavres !) sont effacés par l'onirisme[1]. Ici, c'est la création d'une atmosphère magique, surréelle comme celle générée par le rêve et par le lyrisme qui envahissent cette dernière scène et envoûtent le lecteur ou le spectateur.

1. *Onirique* : « qui évoque un rêve, semble sorti d'un rêve », Dictionnaire Robert, t. 4, p. 904.

– La beauté d'Hernani tient à « l'organisation esthétique des fantaisies du rêve et du cauchemar plus qu'au respect des règles du réalisme en histoire ou en cohérence en psychologie[1]. »

– **Les forces du passé incarnées par le Don Ruy Gomez** — dont Hugo a bien précisé le rôle thématique* : « le vieillard » — **l'emportent** encore et avec l'acquiescement même d'Hernani qui s'est pourtant, un moment, révolté contre elles en déclarant au duc :

Eh bien, non ! et de toi, démon, je me délivre !
Je n'obéirai pas ! (v. 2035-36)

Mais il a signé un pacte avec le Passé sur la tête de son père ; lui, le hors-la-loi a toujours **obéi à tout ce qui, en lui, demeurait complice avec l'honneur castillan.**

Il refuse cependant de mourir avec une dignité résignée et insulte le diable que représente le vieux duc : « Misérable vieillard ! », « démon ».

Il ne trouvera l'apaisement que dans les bras et dans l'amour de Dona Sol[2].

– Dona Sol n'est pas maîtresse du dénouement*.

Elle se refuse à poignarder son oncle, non par faiblesse mais parce qu'elle ne peut aller contre la volonté d'Hernani. Il ne peut pas admettre de se laisser sauver par elle d'une dette d'honneur, jurée sur la tête de son père qu'il savait déjà avoir trahi en refusant de le venger par le meurtre de Don Carlos (qu'il n'a jamais pu tuer alors que ce dernier a été trois fois en son pouvoir) dont il a même accepté grâce, honneurs et bonheur. Après l'échec de l'arme, Dona Sol connaît l'échec des supplications adressées successivement à l'oncle et au mari. Bien qu'elle insulte les forces du Passé : « Crime ! Attentat ! Folie ! », Dona Sol doit s'y soumettre puisque telle est la volonté d'Hernani. La seule issue est de mourir avec lui à qui elle en laisse la responsabilité : « C'est toi qui l'as voulu. » (v. 2126)

– Grâce à l'amour-passion, la double mort atroce et absurde devient un instant miraculeux, un accomplissement suprême.

Les duos lyriques (I, 2 ; II, 4 ; V, 3) préparent ces noces de sang vécues dans l'extase.

Dès leur premier entretien, Dona Sol avait dit à Hernani :

Allez où vous voudrez, j'irai. Restez, partez,
Je suis à vous. Pourquoi fais-je ainsi ? Je l'ignore.
J'ai besoin de vous voir et de vous voir encore
Et de vous voir toujours. (.............................) (I, 2, v. 154 à 157)

---

1. Massin, ouvrage cité, p. 898.
2. Th. Gautier commente *différemment* (et nous semble-t-il *à tort* dans la seconde phrase) le dénouement dans le journal *Le Moniteur* du 25 juin 1867 : « La pièce a pour fatalité le "point d'honneur", cette *anankè* de tant de comédies espagnoles ; Jean d'Aragon y obéit mais il n'est pas sans regret : il suit Dona Sol dans la mort plutôt qu'il ne tient sa promesse. »

Lors de la scène 4 de l'acte II, en danger mortel, Hernani chante son amour :

Soyons heureux ! buvons, car la coupe est remplie,
Car cette heure est à nous, et le reste est folie ;
Parle-moi, ravis-moi ! (.............................) (v. 689-691)

La prémonition d'un amour lié à la mort est sans cesse présente dans le discours des amants. En plein bonheur, durant leur nuit de noces, c'est la mort que souhaite Dona Sol (v. 1956-1957). Dans l'ultime scène, c'est encore Dona Sol, amante et mère, qui, au moment de mourir, invite à l'extase :

Viens, ô mon jeune amant,
Dans mes bras. (v. 2141 et 42)

et à des noces mystiques :

Vers des clartés nouvelles
Nous allons tout à l'heure ensemble ouvrir nos ailes[1]. (v. 2147-48)

« A ces clartés répondent les feux dans l'ombre qu'aperçoit Hernani. Le dernier mot de l'homme sera pour dire l'extase atteinte : « Voici... » Le dernier mot de la femme sera pour un désir plus grand encore : « Plus près... plus près encore[2]... »

Va s'accomplir dans la mort l'union mystique, qui est fusion totale, des amants.

VI. APPROCHES THÉMATIQUES D'*HERNANI*

Ces thèmes ont été repérés et étudiés dans les pistes de lecture. Pour chacun d'eux, nous vous indiquons les actes et les scènes où ils apparaissent le plus clairement et les commentaires auxquels ils ont donné lieu.

---

1. Ces deux vers exprimant un élan mystique, spiritualiste sans être chrétien, sont proches de la doctrine du Suédois Swedenborg (1688-1772) qui a influencé tout le XIXe siècle. En particulier :
   - Balzac dans *Séraphîtus /Séraphîta* (1800), dans *La Peau de chagrin* (1830).
   - Villiers de l'Isle Adam dans *Axel*. L'écrivain travailla 20 ans à cette pièce de théâtre qui ne put être jouée mais où on peut lire : « Accomplis-toi dans ta lumière astrale ! Surgis ! Monte ! »
   - Baudelaire, dans le poème « Élévation », lie l'élan de l'esprit dans les sphères supérieures, et l'intelligence intime des choses. »
   - Hoffmann, dans *Le Magnétiseur,* écrit : « Affranchie de ses moyens terrestres, *notre essence spirituelle déploie gaîment ses ailes*, s'élance, avec bonheur au devant des esprits supérieurs de même ordre, hôtes de l'empire céleste qui nous est à tous promis... »
2. J. Massin, « Présentation d'*Hernani* », ouvrage cité, p. 919.

1. Trois titres : trois thèmes-clés

a) Hernani ou le héros romantique

Il est le héros éponyme*, symbole même du personnage romantique. Courageux à l'extrême, il n'en est pas moins paralysé par le meurtre à accomplir sur la personne de son ennemi héréditaire : le Roi. Il est en effet à la fois écrasé par l'image d'un père héroïque qu'il est condamné à venger et par les forces du Passé ; c'est un rêveur, jeté malgré lui dans l'action et qui se dit :

> Honteux...
> Qu'on m'ait fait pour haïr, moi qui n'ai su qu'aimer !
> (III, 4, v. 967-68).

La jeune génération romantique s'est reconnue en lui, être révolté, attiré par le vertige de « l'abîme », prédestiné au malheur, à la fatalité (I, 2 ; II, 2 ; **III, 4** ; V, 3, 4, 5, 6) qu'Hugo appelle « l'anankè » et qu'il commente dans la « Préface » des *Travailleurs de la mer* : « Une triple *anankè* pèse sur nous, l'anankè des dogmes, l'anankè des lois, l'anankè des choses... A ces trois fatalités qui enveloppent l'homme se mêle la fatalité intérieure, l'anankè suprême, le cœur humain. ». « L'honneur castillan » qui l'anime si souvent et au nom duquel il meurt fait partie de cette anankè dont il ne peut se libérer.

C'est aussi un amant exalté et jaloux, chevaleresque, prêt à tout braver et à mourir pour Dona Sol.

b) « Tres para una » ou la rivalité amoureuse

Il privilégie la rivalité amoureuse de Don Carlos, le Roi, d'Hernani, le Bandit et de Don Ruy Gomez de Silva, le Vieillard auprès de Dona Sol. Si le vieillard s'était effacé comme Don Carlos, un heureux dénouement* aurait clôturé l'acte IV.

c) « L'honneur castillan »

C'est une notion rigide et chevaleresque, respectée par :

– Don Carlos et Hernani qui s'épargnent mutuellement (Don Carlos : I, 3 ; II, 1 ; IV, 5 et Hernani : II, 3 ; IV, 4)

Leur plus beau duel d'honneur se situe dans la dernière partie de la scène 3 de l'acte II (du vers 600 à 628). Par l'ordre méprisant qu'il donne à

Hernani : « Assassinez. », Don Carlos paraît marquer l'avantage : sa fierté semble avoir fait plier Hernani qui brise la lame de son épée sur le pavé. En effet tous deux ont obéi à « l'honneur castillan » qui interdit au roi de croiser le fer avec un bandit et au bandit de tuer un homme qui ne se défend volontairement pas. Mais, dans la joute verbale qui suit et où deux grandes âmes exaltées s'affrontent, c'est au tour d'Hernani de l'emporter par son mépris des grandeurs et de la vie : « Alors j'aurai la tombe » et par la suprême protection qu'il accorde au roi en lui donnant à revêtir son propre manteau.

– Don Ruy Gomez qui refuse de livrer Hernani, bandit et rival, mais hôte sacré (III, 5 et 6) plutôt que de déshonorer ses ancêtres en se déshonorant lui-même.

– Hernani qui, par le don de son cor, remet sa vie entre les mains de Don Ruy Gomez pour le remercier de son hospitalité (v. 1255-56) et qui s'empoisonne le soir de ses noces pour tenir le serment qu'il lui a fait (V, 6 : « Aragon doit payer cette dette à Silva ») et pour avoir oublié la vengeance due à son père (v. 2131).

2. Autres thématiques

a) La « gémellité »

La gémellité d'Hernani et de Don Carlos qui a été développée dans les pistes pour l'analyse des actes II, 3 et IV, 4.

b) Le « vieillard »

Il est présenté par Hernani et par les joyeux courtisans de la noce comme un spectre, une image de la mort et il apportera la mort. (III, 6 ; V, 1, 5 et 6). Il incarne les forces du passé qui condamnent à la mort par la tyrannie du révolu deux jeunes amants, assoiffés de vie, que l'on peut considérer « comme les insurgés exemplaires de la rébellion contre la mort fatale du héros. Comme les dénonciateurs exemplaires de l'aliénation du Passé sous toutes ses formes réunies : passé des familles, passé des morales, passé des sociétés. » (J. Massin, ouvrage cité, p. 920).

c) La métamorphose de Don Carlos en Charles-Quint

C'est la grandeur d'un empereur élu, conscient de sa mission au point de s'oublier lui-même (commentée dans les pistes d'analyse pour l'étude de IV, 2, 4, 5).

d) Dona Sol, *parfaite héroïne romantique*

Elle est vue par les regards différents de ses trois amants qui la convoitent :

– Pour Don Carlos, jeune libertin, elle est d'abord vue comme une très belle jeune femme à prendre (voire à partager !) pour son plaisir à lui sans s'inquiéter de ses sentiments à elle (V ; 188-190). Mais, à son contact, il évolue. Il lui offre d'être « reine », « impératrice ! » puis elle devient la Dame de la littérature courtoise :

> Si vous aviez voulu, peut-être, ô jeune fille,
> J'étais grand, j'eusse été le lion de Castille !
>
> (III, 6, v. 1217-8)

Il tente encore de s'en emparer par la force en l'emmenant comme otage. puis il l'aime d'un amour si oblatif (c'est-à-dire presque religieux) qu'il fait grâce à Hernani et la lui donne pour épouse,

– Pour Don Ruy Gomez de Silva, elle est sa fille, son enfant (v. 796 et 1239) sa sœur. Elle a pour lui une dimension sacrée : « colombe », « ange », « madone » ; elle est la femme protectrice, secourable, pleine de pitié.

Cependant, elle est aussi un objet de désir et de jalousie : il ne peut supporter qu'elle consomme avec Hernani sa nuit de noce. Il la préfère morte plutôt qu'heureuse avec son rival.

– Pour Hernani, elle est objet de dévotion et de désir.

En fait, Hugo a voulu incarner en elle la parfaite héroïne romantique.

Dès son apparition, elle réunit les contraires : yeux noirs et robe blanche, alliant la lumière (programmée par son nom) et l'ombre ambiante. Ses discours, emplis d'un champ lexical de l'amour et de la mort (I, 2 ;II, 4, III, 4,V, 4 et 6) la promettent au tombeau ; elle préfère sa passion au principe de réalité, le mérite individuel aux valeurs sociales, l'aventure et la vie dangereuse à la sécurité, la mort à la vie sans Hernani. Sa passion la rend héroïque, elle veut poignarder successivement Don Carlos (II, 2) et Don Ruy Gomez (V, 6) et se montre capable de s'empoisonner pour Hernani.

Violente, passionnée et intouchable, sublime et aérienne, elle est vouée à la mort qu'elle transforme en accomplissement et en fête.

e) L'amour et la mort

Voir les duos lyriques et les pistes d'analyse de V, 6. C'est la passion que D. de Rougemont, après Platon, nomme « l'Éros ou le désir sans fin » : « Et l'amant est auprès de l'aimée "comme dans le ciel" ». Il a beaucoup inspiré le mythe de *Tristan et d'Yseut* de Béroul (dont l'opéra de Wagner est un intertexte*) et suscite l'évidente renaissance du mythe courtois chez tous les romantiques allemands. Voici quelques lignes d'une lettre de Diotima à Hölderlin (1770-1843) :

> Hier soir, j'ai longuement réfléchi sur la passion. Sans doute, *la passion de l'amour suprême ne trouve jamais son accomplissement ici-bas !* Comprends bien mon sentiment : chercher *cette* satisfaction serait folie. Mourir ensemble ! Voilà le seul accomplissement.

Ces réflexions sont bien proches des souhaits exprimés par Dona Sol :

> La lune tout à l'heure à l'horizon montait ;
> Tandis que tu parlais, sa lumière qui tremble,
> Et ta voix, toutes deux m'allaient au cœur ensemble,
> Je me sentais joyeuse et calme en ce moment, ô mon amant,
> Et j'aurais bien voulu mourir en ce moment !
>
> (V, 3, v. 1953 à 1358)

On peut noter que Dona Sol souhaite moins l'accomplissement d'une nuit de noce que la mort volontaire amoureuse et divinisante.

Lors du dénouement*, l'envol vers « des clartés nouvelles » désiré par Dona Sol et « les feux dans l'ombre » brillant pour Hernani rappellent étrangement quelques vers des *Hymnes à la nuit* de Novalis (1772-1801) où l'Éros ténébreux supplie que le matin ne renaisse plus :

> Que ton feu spirituel dévore mon corps, qu'en une étreinte aérienne je m'unisse étroitement à toi, et que dure alors éternellement notre nuit nuptiale[1].

1. Texte cité par D. de Rougemont, p. 184 de *L'Amour et l'Occident*, 10/18, n°34, 1972.

L'ŒUVRE À L'EXAMEN

Le texte des Instructions officielles a paru dans le *Bulletin officiel de l'Éducation nationale*, n°10, du 28 juillet 1994.

I. LES ÉPREUVES ÉCRITES

Durée : 4 heures. Coefficient pour le série L : 3, pour toutes les autres : 2.

Trois sujets sont proposés au choix des candidats.

Les sujets font l'objet de trois fascicules séparés : *Le commentaire composé, Le texte argumentatif, La dissertation littéraire*, parus dans la collection « Résonances » (Ellipses). On ne trouvera ici qu'une définition rapide des épreuves.

Les supports de ces deux premiers sujets sont des textes littéraires ou non littéraires (d'une vingtaine de lignes), de genres et de siècles variés. Ils mettent clairement en œuvre une ou des argumentations sous des modalités qui peuvent être diverses : vers ou prose, personnages de théâtre ou de roman, auteur* ou narrateur* employant ou non la première personne… »

1. Définition des épreuves

a) Sujet de type I : étude d'un texte argumentatif

> L'épreuve s'organise autour d'un texte argumentatif (éventuellement deux textes) d'une longueur n'excédant pas 800 mots et avec toute la variété de choix que cette qualification autorise […]. Le texte doit par la solidité de son argumentation, se prêter au travail d'examen méthodique que nécessite un bon résumé[…] (B.O. du 28 mai 1994)

L'épreuve est de même type pour les séries générales et technologiques.

Elle comporte deux parties notées chacune sur dix points :
- la première consiste en 2 ou 3 questions de compréhension ;
- la deuxième consiste en travaux d'écriture.

b) Sujet de type II : commentaire ou étude littéraire

Commentaire littéraire pour les séries générales

– modalités :
première partie (4 points) : 2 ou 3 questions d'observation ;
deuxième partie (16 points) : un commentaire composé (sans libellé).

Étude littéraire pour les séries technologiques

– modalités :
première partie (8 points) : 2 ou 3 questions d'observation ;
deuxième partie (12 points) : 2 ou 3 questions d'analyse, d'interprétation ou de commentaire.

c) Sujet de type III : dissertation littéraire

Nous nous limiterons à l'étude du sujet de type III, car seule la dissertation porte sur des œuvres ou des problématiques littéraires inscrites dans le cadre du programme annuel qui fait l'objet d'une publication officielle.

En 1996-1997 sont prévus :

– Pour la série L :
- La Fontaine, *Fables,* (un livre au choix entre VII et XII),
- un drame romantique*,
- Malraux, une œuvre (au choix).

– Pour les séries générales ES/L :
- Malraux : un roman (au choix),
- un drame romantique* ;

– Pour les séries technologiques :
- un drame romantique* (au choix).

Ce programme est renouvelable chaque année.

Une problématique[1] qui mobilise votre réflexion sur l'œuvre que vous avez étudiée vous est indiquée. Cette problématique doit, en ce qui

1. Voir à ce propos le Résonances méthodique *La Dissertation littéraire*.

concerne le drame romantique*, pouvoir s'appliquer *à n'importe quel drame étudié*, et non au seul *Hernani*.

Elle vous sera donnée **soit** à partir d'*une citation*, **soit** à partir d'*une interrogation* directement posée.

Vous ne devez pas penser que la dissertation pourrait se réduire à un exposé thématique. Elle vous demandera, toujours à partir d'une problématique, **de produire une argumentation appuyée essentiellement sur l'œuvre au programme** et soutenue par des exemples précis.

On ne vous fournira donc pas pour sujets des libellés thématiques comme :

a) « Les animaux dans les *Fables* de La Fontaine ».

b) « L'amour malheureux dans le drame romantique* que vous avez étudié ».

c) « L'héroïsme dans le roman de Malraux que vous avez étudié ».

Voici les mêmes sujets mais problématisés :

a') Un dictionnaire définit la fable comme *un petit récit en vers ou en prose destiné à illustrer un précepte.* Cette définition vous paraît-elle rendre compte de ce qui fait, selon vous, l'intérêt des fables que vous avez étudiées cette année ?

b') Le drame romantique* met souvent en scène un — ou des — amour(s) malheureux.

En vous appuyant sur les exemples pris dans l'une (ou les œuvres) que vous avez lues ou étudiées, vous vous demanderez quelles sont les causes de ce malheur et quel sens peut être donné à cet échec ?

c') En vous appuyant sur des exemples précis pris dans l'un des (ou les) romans de Malraux que vous avez lus ou étudiés, vous réfléchirez aux diverses formes que peut prendre le sens donné à la vie par les différents personnages et par le narrateur. Pour quels enjeux ?

Un sujet portant sur le drame romantique* est ici posé et traité. Il est suivi d'une liste de propositions de sujets possibles sur ce point du programme.

2. Un exemple de dissertation littéraire sur le drame romantique*

La préface de *Cromwell* écrite par V. Hugo, en 1827, précise que « la tragédie nouvelle » s'appellera le drame. L'écrivain ajoute « Le caractère du drame est le réel ; le réel résulte de la combinaison de deux types, le sublime et le grotesque* ».

Dans quelle mesure cette réflexion paraît-elle s'appliquer au drame romantique* que vous avez étudié ou lu cette année ?

Remarques préliminaires

– **Tous les exemples**, dans la présente dissertation, seront pris dans *Hernani*. Cependant, non seulement il ne vous est pas interdit, mais encore il vous est recommandé, d'illustrer vos arguments par des exemples empruntés à d'autres drames romantiques que vous aurez lus ou étudiés. Pour parfaire votre culture générale à ce sujet, il vous est vivement conseillé de lire *Le Drame romantique* (ouvrage collectif, collection « Résonances », Ellipses, 1996) qui vous propose une réflexion élargie sur le thème considéré.

– **Seule la spatialité** (espace/ blanc entre les différentes parties du devoir) doit faire apparaître le plan. Tous titres, tous chiffres ou lettres ou marques explicites de plan sont à proscrire.

A) INTRODUCTION

a) introduire le sujet et le justifier

La « Préface de *Cromwell*, rédigée par V. Hugo en octobre 1827, formule les principes esthétiques de l'école nouvelle, et devient aussitôt le code du romantisme tout entier. « Elle rayonnait à nos yeux, écrit Théophile. Gautier, comme les Tables de la Loi sur le Sinaï, et ses arguments semblaient sans réplique. » V. Hugo y précise ce qu'est pour lui le drame : la combinaison du « sublime » et du « grotesque* ».

b) poser une problématique[1]

Ainsi nous étudierons **comment** et **pour quelles raisons** V. Hugo met en œuvre leur alliance dans *Hernani*.

L'intrication de ces deux notions qu'il nous faudra élucider induit le mélange des genres* (comédie et tragédie) interdit par la dramaturgie classique. Elle se

1. Aborder un thème sous forme d'un — ou des — **questionnement(s)** et y répondre par **une argumentation** appuyée sur la connaissance de l'œuvre étudiée.

c) annoncer le plan

manifeste d'abord dans des situations dramatiques jusque là insolites, enfin dans les individus eux-mêmes en particulier dans les quatre personnages principaux autour desquels s'articule cette double dimension.

B) 1re PARTIE
définition du grotesque et du sublime*

Il nous faut d'abord voir comment Hugo définit le « grotesque* et le sublime » dont la combinaison mime le réel — c'est-à-dire la vie telle qu'elle se déroule — dans le drame.

a) vision historique du drame lié à l'apparition du christianisme

Chez Hugo la théorie du drame repose en effet sur une vision historique correspondant à trois stades de l'humanité.

Le Christianisme est né à la fin de l'empire romain. Il met à jour l'obscur, le manque, les limites. Cette religion sépare l'âme et le corps et empêche désormais l'homme de se satisfaire de la vie terrestre. De là naît le sentiment de l'abîme ressenti par l'homme romantique et en particulier par Hernani qui l'évoque devant Dona Sol :

> Une voix me dit : « Marche ! » et l'abîme est profond,
> Et de flamme et de sang je le vois rouge au fond !
> (v. 999-1000)

D'où la *mélancolie,* pressentiment du divin, nostalgie d'un âge perdu, d'une condition impossible, d'un sentiment de finitude qui sera comblé par « des feux dans l'ombre » et par l'essor de l'âme « vers des clartés nouvelles ». (*Hernani*, v. 2146 et 2156).

b) corps et esprit, grotesque*et sublime*

A la division du corps et de l'âme correspond, celle du **grotesque***[1] et du **sublime**. Le grotesque est divers : c'est le corps, l'ombre, la bête, le laid, le ridicule, le mal, Satan, les passions, les vices, les crimes… Pour Hugo, il est si **protéiforme**, c'est-à-dire qu'il se manifeste sous des formes si changeantes

1. Cf. Annexes, « Une définition du grotesque », pp. 81-82.

et si diverses, qu'il est difficile de les énumérer toutes. Il se constitue également par opposition à la catégorie du sublime.

Le sublime est simple, peu varié mais exalté par les mille formes du grotesque*, il devient aérien, suave, merveilleux.

Hugo ajoute « La poésie, (c'est-à-dire le drame) se mettra à faire comme la nature, à mêler dans ses créations sans pourtant les confondre, l'ombre à la lumière, le grotesque* et le sublime, en d'autres termes, le corps à l'âme, la bête à l'esprit. »

Dans cette même préface, Hugo dresse un portrait de Cromwell et montre que le personnage incarne ces deux notions. Comme nous le verrons, une même dualité anime les principaux héros d'*Hernani*.

C) 2e PARTIE
manifestation du grotesque et du sublime dans des situations dramatiques jusque-là insolites*

a) la présence du corps

La présence du grotesque* et les écarts qui en résultent se rencontrent d'abord dans des situations qui, contraires à la règle des bienséances* ou au respect des genres*, ne pouvaient exister dans la tragédie classique.

Les héros, même dans l'angoisse, ont un corps qui se rappelle à eux. Dona Sol, à l'arrivée d'Hernani se précipite dans ses bras et loin de répondre à ses salutations lyriques s'écrit :

« Jésus ! votre manteau ruisselle !... » (v. 4), « Vous devez avoir froid ! » (v. 42), « Ôtez donc ce manteau. » (v. 43).

Don Carlos, sortant avec fracas de l'armoire où il était caché, se plaint : « Croyez-vous qu'on soit à l'aise dans ce placard ? » (v. 172).

Il ajoute :

> Mais j'entendais très mal et j'étouffais très bien.
> Et puis je chiffonnais ma veste à la française.
>
> (v. 194-5).

Dans la sublime scène du dénouement*, Dona Sol ne se plaint pas de la mort mais crie ses « douleurs étranges » causées par le poison : « c'est du feu ! » (v. 2136).

b) le mélange des genres* :

– dans la variation de registres (comique et tragique) d'une scène à l'autre, et/ou à l'intérieur d'une même scène.

La combinaison du grotesque* et du sublime permet aussi de mélanger les genres*, de varier les registres. Les deux premières scènes d'exposition* d'*Hernani,* l'illustrent pleinement. La scène 1 est une véritable scène de comédie où une duègne cupide et immorale cache un galant dans une armoire. A la scène 2, les premières paroles d'Hernani sont lyriques, la situation est dramatique : c'est l'organisation de l'enlèvement de Dona Sol de Silva par un bandit, un banni qu'elle adore. Par la sortie bruyante de Don Carlos, on retombe dans la comédie, et même dans la comédie libertine : « Partageons » propose Carlos. Hernani tire son épée et rend à nouveau tragique la situation. Mais, à l'annonce de l'arrivée de Don Ruy Gomez, c'est au tour d'Hernani de la rendre vaudevillesque* en proposant à son rival de se cacher tous les deux dans l'armoire.

– dans les écarts de ton

Il existe encore des écarts de ton dans les discours des personnages où, quelquefois, pathétique*et lyrisme* sont interrompus par des préoccupations bien prosaïques, vulgaires, « grotesques* ».

Nous en avons vu un exemple (I, 2), lorsque au premier couplet d'Hernani, véritable élégie*, sublime (v. 36 à 40), — qui contrastait déjà fortement et à dessein par le ton, la coupe des vers par l'harmonie avec la scène précédente —, Dona Sol, toute pratique et prosaïque, ne répondait qu'en s'emparant de son manteau mouillé.

On assiste à un même contraste, mais inversé, dans la scène 2 de l'acte 4.

Hernani (« la bête ») veut entraîner Dona Sol dans leur chambre alors qu'elle (« l'ange ») ne rêve qu'envolées lyriques : de leurs postulations contradictoires naît un bref instant de « grotesque* » souligné par les didascalies* : « Hernani, *cherchant à l'attirer dans ses bras.* » [...], Dona Sol, *rougissant et reculant* « [...] « *Hernani cherche à l'entraîner vers la porte. Elle rougit.* » (La présence de pareilles indications scéniques, contraires à la règle des bienséances*, est impensable dans une tragédie classique !). Mais « la bête » s'apaise dans Hernani, il « chantera » pour Dona Sol. Et un duo lyrique s'instaure à nouveau entre les deux jeunes époux interrompu dramatiquement par le son du cor ; à la joie de Dona Sol succèdent l'amertume puis le terrible désespoir d'Hernani. Que de changements de ton dans cette scène !

La scène 1 de l'acte IV (« le tombeau ») mêle également la combinaison du grotesque* et du sublime : à l'extrême tension de Carlos, à son angoisse, s'opposent les basses flatteries et l'ambition mesquine de Don Ricardo.

– par la variation des points de vue

Enfin le mélange des genres* se traduit également par les points de vue différents que portent les personnages sur une situation ou sur un être. A l'acte premier, au jeune libertin qu'est encore Don Carlos, la rivalité : « Tres para una » est comique, pour Hernani elle est tragique. Don Carlos se rit du vieillard berné et de son amour pour Dona Sol et l'accable de traits ironiques, Hernani en est jaloux et le redoute : il voit en lui la mort et même le diable, incarnation du grotesque*.

La scène des portraits, irrite d'abord — sans l'impressionner — Don Carlos qui se contente de répéter « Mon prisonnier ! » puis, après une terrible colère, il médite déjà le bon tour qu'il va jouer au duc de Silva en emmenant, à la place d'Hernani, Dona Sol comme otage. Cette même situation sera vécue comme fort tragique par le duc et par Hernani quand il l'apprendra.

D) 3e PARTIE
grotesque et sublime* dans les personnages eux-mêmes*

La double dimension du grotesque* (tel que la définit la « préface ») et du sublime constitue les quatre personnages principaux : Carlos, Don Ruy Gomez, Hernani et Dona Sol elle-même.

Don Carlos, jeune roi, avait déjà cette double dimension. Grotesque* dans sa légèreté, dans son libertinage, ses violences, son mépris pour les autres (ceux qui le servent comme la duègne et don Ricardo ou ceux qui lui résistent comme Hernani ou Don Ruy Gomez), son ironie mordante et méchante, il avait déjà des traits sublimes : son courage, son mépris de la mort, son respect de l'honneur castillan, sa générosité envers Hernani. Il acquiert, lors de son accession à l'empire, une extraordinaire dimension spirituelle qu'il traduit ainsi :

> Laisse régner *l'esprit* que longtemps tu troublas.
> (v. 1766, souligné par nos soins).

Il s'oublie lui-même pour remplir ses devoirs d'état, il triomphe de la jalousie et n'éprouve plus pour Dona Sol que respect et amour épuré, il pardonne à Hernani au cou duquel il passe sa propre Toison d'or, il use de clémence envers tous les autres conjurés.

Don Ruy Gomez n'a de sublime que son respect de l'honneur castillan et des valeurs du passé : en particulier le sens de l'hospitalité. On peut penser (et en particulier à la scène 1 de l'acte III) qu'il éprouve pour Dona Sol « un amour sévère, profond, solide, paternel, amical. » On s'aperçoit au cinquième acte qu'il n'en est rien et que le vieillard n'est que jalousie et concupiscence, c'est-à-dire en proie aux désirs charnels. Hernani l'a démasqué lui qui le traite de « démon ». Or, pour Hugo, Satan est l'une des formes terribles que peut prendre le grotesque*.

Hernani lui-même est animé par les deux postulations différentes vers lesquelles tend la nature humaine. De l'ordre du sublime sont la fidélité due à son père, le respect de l'honneur castillan, la générosité, le courage, la dévotion pour Dona Sol. Mais relèvent de l'autre ordre d'abord son irrésistible attrait pour « l'abîme » (III, 4) — l'une des formes du grotesque* énumérées dans la « préface » de *Cromwell*) —, pour « l'ombre « qui découle de sa mélancolie désespérée », car il a « une âme de malheur faite avec des ténèbres ! » et qu'il est « las d'un si rude chemin », et ensuite le désir qu'il a de posséder Dona Sol réveillant la « bête » en lui.

Dona Sol n'échappe au sublime que dans les quatre actes de violence qu'elle commet : arracher le poignard de don Carlos, en menacer successivement le Roi et le duc à qui elle dit :

> Il faudrait mieux pour vous aux tigres même
> Arracher leurs petits qu'à moi celui que j'aime.
>
> (v. 2063-65)

et enfin s'emparer de la fiole de poison que tient Hernani pour l'empêcher d'en boire puis pour le boire elle-même.

Par opposition à Hernani, qui a sa part d'ombre, elle n'est que lumière et chant du monde et de l'amour. Aérienne, elle est un « ange ». Hernani le sait qui lui dit :

> Ah ! qui n'oublierait tout à cette *voix céleste* !
> *Ta parole est un chant où rien d'humain ne reste.*
>
> (v. 1959-60, souligné par nos soins).

E) Conclusion

a) bilan

Th. Gautier a la joie d'assister, le 21 juin 1867, à la reprise triomphale d'*Hernani*. On pourrait donc penser que l'esthétique du drame dont l'enjeu est le réel et qui résulte de « la combinaison du grotesque* et du sublime », exprimant en particulier la dualité de l'être humain, a pu donner lieu à des chefs d'œuvre. Or, le carrière du drame romantique* a été très courte (dix ans environ), le dernier grand succès est *Ruy Blas* (1838). En 1843, Sainte-Beuve écrivait combien il était déçu :

> Car que d'admirables et infructueux préparatifs depuis vingt ans !.. Et puis quoi ? *Hernani* puis rien. Un lourd assommement... Dumas s'est gaspillé, de Vigny n'a jamais pu s'évertuer, Hugo s'est appesanti.

Cent cinquante ans après, nous constatons que, en regard du théâtre classique du XVIIe siècle, les drames romantiques (sauf *Ruy Blas* et *Lorenzaccio* de Musset) sont, en cette fin du XXe siècle., assez peu joués.

b) élargissement

Doit-on conclure à la faillite du drame romantique* dont la formule est énoncée dans la célèbre préface ? On peut répondre négativement dans la mesure où elle a permis aux dramaturges du XXe siècle. de se libérer du carcan des règles classiques et de se livrer à des pistes multiples et variées et à des auteurs aussi différents que Claudel, Sartre ou Beckett, héritiers du drame, théâtre de la moralité, de s'intéresser à **l'expression des idées.**

3. Autres exemples de sujets de dissertations possibles

1. Victor Hugo dans la « Préface » de *Cromwell* écrit que « le caractère du drame est le réel ».

Vous vous demanderez si cette définition caractérise le drame romantique* que vous avez étudié.

2. V. Hugo déclare dans la préface d'*Angelo* (1835) que « le théâtre est un lieu d'enseignement. »

Comment et dans quelle mesure avez-vous pu tirer une leçon du drame romantique* que vous avez étudié ?

3. J.-P. Sartre a affirmé qu'« une pièce ne devrait jamais paraître trop familière, (que) sa grandeur tient à ses fonctions sociales et, dans un certain sens, religieuses : elle doit rester un rite. » Il ajoute que « ton et rythme doivent augmenter la distance entre l'œuvre et le public ».

Vous direz dans quelle mesure, comment, et pour quoi, selon vous, le drame romantique* est assimilable à un rite. Appuyez-vous sur le drame que vous avez étudié cette année.

4. A. de Vigny écrit dans *Cinq-Mars* (1826) que « l'art, c'est la vérité choisie ».

Cette réflexion vous paraît-elle pouvoir s'appliquer au drame romantique* que vous avez étudié ?

5. Un auteur dramatique contemporain affirme que « les créatures du théâtre, comme celles de la vie, doivent garder une part d'ambiguïté et d'indétermination. Elles doivent rester pour nous des sujets d'interrogation. »

En prenant appui sur le drame romantique* que vous avez étudié vous commenterez et discuterez cette affirmation.

6. Le drame romantique* met souvent en scène l'amour malheureux. En prenant appui sur celui que vous avez étudié, vous vous demanderez en quoi, comment et pour quoi.

II. LES ÉPREUVES ORALES

1. Définition des épreuves

Elles sont définies par le *B.O.*, 10, 28 juillet 1994.

Temps de préparation : 20 minutes.
Durée : 20 minutes.

1. **La lecture** d'un court passage (10 minutes) : 15 vers — ou 15 lignes de prose — tirés de la liste d'œuvres et de textes présentés par le candidat [...]. Le candidat lit le texte à haute voix. Il l'examine méthodiquement...

2. **Un entretien** (10 minutes) qui permet à l'examinateur d'élargir l'interrogation dans la perspective de l'œuvre intégrale ou du groupement de textes dont l'extrait est tiré...

2. Méthodologie de l'épreuve et illustrations

La lecture méthodique n'est pas un exercice de contrôle mais le résultat de deux années d'évaluation formative, d'apprentissages précis, et systématiques mais différenciés (décrits par le B.O. 32, juin 1972).

Rappelez-vous **l'enjeu** de la lecture méthodique : développer **votre activité et votre autonomie** face à un texte.

a) La lecture méthodique : le travail préparatoire d'analyse

Un extrait d'*Hernani* (III, 4 v. 933 à 959) :

Hélas ! j'ai blasphémé ! Si j'étais à ta place,
Dona Sol, j'en aurais assez, je serais lasse
De ce fou furieux, de ce sombre insensé
Qui ne sait caresser qu'après qu'il a blessé.
Je lui dirais : Va-t'en !– Repousse-moi, repousse !
Et je te bénirai, car tu fus bonne et douce,
Car tu m'as supporté trop longtemps, car je suis
Mauvais, je noircirais tes jours avec mes nuits !
Car c'en est trop enfin, ton âme est belle et haute
Et pure, et si je suis méchant, est-ce ta faute ?
Épouse le vieux duc ! il est bon, noble, il a
Par sa mère Olmedo, par son père Alcala.
Encore un coup, sois riche avec lui, sois heureuse !
Moi, sais-tu ce que peut cette main généreuse
T'offrir de magnifique ? Une dot de douleurs.
Tu y pourras choisir ou du sang ou des pleurs.
L'exil, les fers, la mort, l'effroi qui m'environne,
C'est là ton collier d'or, c'est ta belle couronne,
Et jamais à l'épouse un époux plein d'orgueil
N'offrit plus riche écrin de misère et de deuil !
Épouse le vieillard, te dis-je ; il te mérite !
Eh ! qui jamais croira que ma tête proscrite
Aille avec ton front pur ? qui, nous voyant tous deux,

Toi, calme et belle, moi, violent, hasardeux,
Toi paisible et croissant comme une fleur à l'ombre,
Moi, heurté dans l'orage à des écueils sans nombre,
Qui dira que nos sorts suivent la même loi ?

Remarques méthodologiques

Durant votre préparation, vous devez, même en présence d'un texte qui a été étudié en classe, non tenter de « réciter » cette préparation, mais reconstruire brièvement les trois phases — qui au cours de l'année ont dû devenir pour vous des actes réflexes de toute lecture : observer, questionner, interpréter.

Observer demande que vous soyez attentif :

- au paratexte*
- à la disposition dans la page,
- aux signes typographiques,
- au texte lui-même.

Questionner implique que vous reconnaissiez :

- le genre de discours et le type de texte dominant ainsi que les différentes séquences textuelles qui le constituent,
- le relevé des formes ou des systèmes de formes,
- les outils d'analyse **spécifiques** à l'extrait proposé.

Interpréter : tous ces repérages, tous ces outils d'analyse doivent servir le texte, vous permettre de l'approfondir, de l'expliciter.

Nous constatons donc que la double opération mise en jeu dans la lecture méthodique (« l'observation objective, précise, nuancée des formes ou des systèmes de formes » et « la construction progressive d'une signification », I.O.P., 2, pp. 17-18) se retrouve **dans le commentaire composé qu'elle prépare.** (Pour ces deux épreuves, le candidat est libre de suivre **ou non** l'ordre du texte).

C'est à vous-même de savoir poser au texte les questions (*en italiques)* d'observation pertinentes dont les réponses vous mènent à l'interprétation de ce texte. **Ce travail de questionnement sera occulté à l'oral.** Seules les réponses seront organisées dans un exposé continu et bien enchaîné car vous devez présenter « **en l'orientant vers la conclusion, un choix de remarques** fondées sur des **indices textuels** que [vous jugez] les plus précis et les plus intéressants. » (note pédagogique du 14 novembre 1995).

Q. 1 : Quelle est la situation de la tirade dans la pièce et dans la scène ?

Le paratexte* nous indique que la tirade* d'Hernani — constituée d'alexandrins — se situe à l'ace III, scène 4. La situation est très tendue entre les deux amants : après une scène de jalousie injustifiée, Hernani s'excuse et tente d'expliquer qui il est à Dona Sol et les raisons pour lesquelles elle doit le fuir.

Q. 2 : Quelles sont les marques de l'énonciation et quels effets en résultent ?

Ce texte est à **l'énonciation de discours*** (qui utilise **soit** le présent d'énonciation, le passé composé et le futur, **soit** le mode impératif). Celle-ci indique une grande tension entre les deux interlocuteurs.

On remarque une présence massive des déictiques*

– de la 1re personne surtout au début et à la fin du texte (« je » x 12 ; « moi » x 5 ; « me » x 4 ; « mes » x 1), et de la modalité d'énonciation qu'est le type de phrase exclamative (x 9) qui mettent en relief la fonction* émotive du langage et le moi hypertrophié du héros romantique qu'est Hernani,

– de la 2e personne (« tu » x 2 ; « toi » x3 ;« te » x 4 ; « ta » x 3, « ton » x 3, « tes ». De plus, la présence des impératifs (x 5 — dont « épouse » x 2) et des interrogations rhétoriques (x 4) montre l'action que veut avoir Hernani sur Dona Sol ;

– la réunion du JE et du TU (« nous « , « nos ») n'apparaît que deux fois et encore liée à la notion d'impossibilité ;

– à la troisième personne est évoqué celui dont parle Hernani : « le vieux duc » ou ses substituts* « le vieillard », « le plus digne » (« il » x 2 ; « lui »).

Par le jeu des pronoms est décelée une première rivalité : deux prétendants (« JE » et « IL ») pour une seule femme Dona Sol (« TU »).

Mais on note aussi l'égotisme du héros, l'intérêt passionné qu'il a pour son « MOI » et le désir qu'il a d'influencer Dona Sol.

Nous apercevons déjà une première ambiguïté dans l'ordre donné par deux fois à Dona Sol : « Épouse le vieillard ». Car, en même temps, « JE » organise tout son discours pour qu'elle soit frappée par l'extraordinaire singularité de ce JE / Hernani, « méchant », qui va se trouver soulignée par l'étude du lexique.

Q.3 : Quelles oppositions lexicales repérez-vous dans ce texte ? Mettez-les en relation et dégagez les effets produits (explicites et implicites).

Oppositions lexicales constituant :

a) Hernani et le duc

• Le duc : bonté, noblesse.

Une des synecdoques* qui le constitue est le « riche écrin » de bijoux (« collier d'or », « belle couronne ») qu'il vient d'offrir à Dona Sol. Son être n'est donc que du paraître et de l'avoir.

MAIS de plus : vieillesse (2 occurrences : « le vieux duc »,le vieillard »)

versus (= en opposition) :

• Hernani : fureur, folie, méchanceté.

Les synecdoques* qui le constituent et lui servent d' »écrin » à offrir à Dona Sol sont : « douleurs », » sang », « pleurs », « exil », « mort », « effroi », « misère », « deuil ». Son être est paroxysme de malheur.

b) Hernani et Dona Sol

• Hernani : fureur, folie, méchanceté, violence, malheur (tout ce qui constitue le grotesque*).

versus :

• Dona Sol : bonté, douceur, pureté, calme et paisible, beauté. (tout ce qui constitue le sublime*).

Ces deux personnalités **antithétiques*** ne peuvent que s'attirer irrésistiblement.

Les injonctions* d'Hernani qui l'incitent à épouser le duc. : « Épouse le vieux duc ! » et « … sois riche avec lui, sois heureuse, « Épouse le vieillard ! » ne peuvent avoir aucun effet.

D'une part, le duc est **vieux,** comme se plaît à le répéter Hernani (et l'amour va naturellement à la jeunesse) et d'autre part, la bonté et la douceur de Dona Sol sur lesquelles Hernani insiste vont la pousser à rechercher la méchanceté, l'effroi, la misère du plus malheureux des hommes, Hernani, dans l'espoir de sauver cet être de paroxysme et d'exception : c'est le désir et le devoir de l'« ange » (le sublime*), attiré par son contraire « le malin » (grotesque*).

On peut se demander si c'est inconsciemment — ou non — qu'Hernani cherche et obtient ce résultat…

Q. 4 : Quelles sont les images sonores et les images sémantiques les plus remarquables de cet extrait ? Quel effet produisent-elles sur Dona Sol ?

Remarquons d'abord un bel effet de soulignement du à la récurrence des constrictives* sifflantes dans le choix des termes par lesquels Hernani commence la description de sa personnalité exceptionnelle :

> *D*e **c**e **f**ou **f**urieux, *d*e **c**e **s**ombre in**s**en**s**é,
> *Qu*i ne **s**ait *c*are**ss**er *qu*'après *qu*'il a ble**ss**é. (v. 935-36).

Dans ces deux vers, la douceur des sifflantes* s'oppose à la dureté des six occlusives* explosives, soit pour renforcer les termes choisis (premier vers), soit pour accentuer l'opposition : « caresser »/« blesser » (deuxième vers).

L'opposition des constrictives* (en gras) et des occlusives (en italiques) :

> *T*u *p*ourras y **ch**oisir ou *d*u **s**ang ou *d*es *p*leurs (v 948)

associée aux 4 liquides* (et aux 2 assonances* en m) :

> *L'exil*, *l*es **f**ers, *l*a mort, *l'***eff**roi qui m'en**v**ironne (v. 949)

aide encore à souligner le champ lexical du malheur.

De plus, les trois images sémantiques repérées dans le texte sont intéressantes dans la mesure où elles soutiennent et « donnent à voir » les concepts relevés dans les oppositions lexicales :

1) car je suis
> Mauvais. Je noircirais tes jours avec mes nuits ! (v. 939-40)

Le rejet* de « mauvais » produit un effet de renforcement accentué par :
– l'oxymore* : « je *noircirais* **tes jours** »,
– l'opposition **tes jours** et *mes nuits*, deux métaphores* antithétiques* de l'être profond de Dona Sol (dont le nom signifie lumière solaire) et d'Hernani.

2) Toi/, paisible et croissant / comme une fleur à l'ombre,

3) Moi/, heurté dans l'orage à / des écueils sans nombre, (v. 957-58)

Ces images, fortement *antithétiques**, soulignent l'aspect angélique de Dona Sol et satanique d'Hernani, nouvelle combinaison du sublime* et du grotesque*. Le parallélisme de la construction syntaxique et rythmique (en particulier la coupe forte après la première syllabe : « Toi,/ », « Moi,/ »...) des vers 957 et 958 augmente la puissance des images.

Q. 5. Quelles variations de ton rencontre-t-on dans cet extrait et pour quel effet ?

Au début de la tirade*, jusqu'au vers 945, le ton d'Hernani est particulièrement tragique, il devient ironique et amer du vers 946 au vers 952, et ensuite lyrique* et élégiaque. Pour Hugo, les variations de ton, qui sont une de formes que prend le mélange des genres*, créent « un effet de réel ».

Bilan

Cette tirade* qui se veut expressive*, injonctive* et fortement argumentée, qui met en jeu la rhétorique, les figures de l'antithèse et la fonction* poétique du langage échoue. Non seulement Dona Sol refuse d'épouser le duc et de fuir Hernani mais encore, par trois fois, elle lui redit : « Je vous aime » (v. 1028), « je t'aime » (v. 1030), « je vous aime » (v. 1031). Pourquoi ? parce que, inconsciemment ou **consciemment**, Hernani, dont le « moi » est hypertrophié, dévalorise le duc et se valorise en insistant, avec une amère ironie, sur sa méchanceté sa misère, son malheur, sur son destin fatal tout en dévoilant sur un ton tragique son moi exceptionnel — qui est celui du parfait héros romantique — et ses attributs profonds. Il se prétend en effet « fou furieux », « insensé » « méchant », « violent », « hasardeux », « heurté dans l'orage... » (cette dernière expression n'est pas sans rappeler le souhait du René de Chateaubriand : « Levez-vous orages désirés... »).

C'est pourquoi la « bonne », « douce » « pure », « calme », « belle », « paisible », en un mot la lumineuse et la sublime Dona Sol ne peut qu'être violemment attirée par le sombre, le satanique Hernani car si la poésie d'Hugo présente de nombreuses figures de l'antithèse, le drame est pour lui « la combinaison du sublime et du grotesque* », deux concepts — dont il a donné une définition bien particulière dans la « Préface » de *Cromwell* — qui constituent les personnalités mêmes de Dona Sol et d'Hernani, soit pour les opposer, soit pour fonder leur être profond en s'y intriquant.

Remarques méthodologiques

A partir des relevés spécifiques au texte et de leur interprétation, vous pouvez présenter à l'oral, *à votre choix et / ou selon la spécificité du texte,* une lecture méthodique, soit sous forme d'**une explication de texte** soit sous forme d'**un commentaire littéraire** dont vous trouverez ici les plans. (*Vous les enrichirez par les apports de la lecture méthodique* à laquelle vous vous reporterez et *vous n'oublierez jamais que l'étude du fond et de la* **forme** *doit toujours être menée parallèlement).*

Ces plans ne sont pas rédigés. **Attention** !

– **A l'écrit**, les réponses aux questions que posent la lecture méthodique ou le commentaire littéraire sont rédigées. L'explication de texte ou le commentaire littéraire se présentent toujours comme des développements organisés et structurés.

– **A l'oral**, les pauses, les variations de ton, les connecteurs* d'addition, d'opposition, de conséquence... doivent faire ressortir la composition de votre exposé. Les phrases, énoncées dans un registre soutenu, doivent être achevées et grammaticalement correctes. Vous pouvez vous reporter à l'organisation de vos notes mais ne les lisez pas : prenez en charge votre examinateur, suivez son regard, ses réactions.

b) La lecture méthodique linéaire

Elle est dite « linéaire » ou « juxtalinéaire » parce qu'*elle suit l'ordre du texte* sans s'y soumettre de façon aveugle.

Introduction

– situation du passage dans l'œuvre,
– enjeu du texte,
– composition de l'extrait (c'est l'annonce du plan — dont vous titrez chaque partie — de votre explication).

1re partie (vers 933 à 942) : l'auto-portrait du héros

Cet être d'exception révèle à Dona Sol ses traits « grotesques* ». Il est :

• voué à la folie et au mal (aspect satanique : vers 935-936),
• fatal et funeste
  – pour lui-même,
  – pour Dona Sol, (vers 939-940) à qui il réitère cette injonction* : « Repousse-moi, repousse-moi ! »

Le ton est constamment tragique.

2e partie (vers 943 à 950) : une seconde injonction* réitérée

« Épouse le vieux duc ! » (v. 943) et « Épouse le vieillard ! » (v. 953).

– argument explicite : **l'avoir** du duc, — comme ses présents (« riche écrin », « dot ») — est supérieur à celui d'Hernani.

– argument implicite : **l'être** d'Hernani — comme ses présents — est supérieur à celui du duc (reportez-vous à la lecture méthodique).

Le ton est ironique.

3e partie (vers 954 à 962) : un impossible amour entre deux héros antithétiques*

Reportez-vous à l'étude des images :

– Hernani est insensé, mauvais, fatal, « grotesque* » (il est l'incarnation du mal)

– Dona est une madone (lexique religieux employé par Hernani à son égard dans la tirade* : « j'ai blasphémé », « je te bénirai », « Dieu ne te fit pas pour moi ! »). Lumière, elle est l'incarnation du sublime*.

L'argument explicite d'Hernani, c'est l'impossible union d'une femme sublime et d'un héros maudit : son effet sur Dona Sol est négatif.

Le ton est lyrique et élégiaque*.

Conclusion

Les contrastes antithétiques* paraissent interdire la réunion d'une femme sublime et d'un héros maudit mais, en réalité, assurent leur fusion puisque, en dépit des injonctions* fortes, de la rhétorique, des images sémantiques et sonores et des variations de ton (tragique, ironique, élégiaque*) mises en œuvre par Hernani, Dona Sol l'assure de son amour. En effet, l'union des deux amants préfigure « La Fin de Satan « (IIIe chant inachevé de *La Légende des siècles*). C'est l'une des constantes de la mystique hugolienne : l'ange Liberté obtient le pardon de Satan qui redevient Lucifer, celui qui porte la Lumière.

c) La lecture méthodique synthétique

Elle peut **ne pas suivre l'ordre du texte** et adopter une composition thématique, plus synthétique.

Introduction

Elle est identique à celle de l'explication (place dans l'œuvre, rapide contenu sémantique global et enjeu du texte, composition) mais la dernière phrase pose la problématique à démontrer. La voici :

Pourquoi ce héros exceptionnel, cet amant qui se veut généreux, n'obtient-il pas de la sublime Dona Sol le résultat paraissant consciemment espéré à ses injonctions réitérées : « Va-t-en ! »... « Repousse-moi ! »... « Épouse le vieux duc ! », « Épouse le vieillard ! », « Fuis-moi ! » ? Quels sont les pièges de l'implicite et de la rhétorique ?*

1re partie : un héros romantique

Hernani est exceptionnel, grotesque* :

1) son égocentrisme se révèle par la présence massive de déictiques* de la première personne (se reporter à la lecture méthodique).

2) sa méchanceté, manifestation du grotesque* est mise en valeur par l'emploi d'un champ lexical du mal (« fou furieux », « sombre insensé », « mauvais », « je noircirais ») soutenu par les images sonores et sémantiques des vers 935-6, 939-40, 948-9 (reportez-vous à la lecture méthodique).

Hernani porte malheur, est funeste pour lui-même et pour Dona Sol.

2e partie : un amant généreux ?

Explicitement, Hernani veut, par ses injonctions* réitérées, obliger Dona Sol à épouser le duc dont il vante les mérites en opposition à ses manques. Elle doit aussi le quitter, lui Hernani : elle est lumière et il ne peut lui donner que du malheur (se reporter aux oppositions antithétiques* repérées dans le travail de décryptage préalable).

Implicitement, l'excès de son malheur, dit sur un ton amer et ironique, est une qualité de son être profond qui ne peut qu'attirer la sublime Dona Sol.

3e partie : une héroïne vue comme sublime par son amant

Par le regard d'Hernani, Dona Sol apparaît comme une madone, un ange lumineux. Son amant emploie pour parler d'elle des termes religieux (« j'ai blasphémé », « je te bénirai »).

Il énumère ses qualités : bonté, douceur, pureté, beauté. Deux très belles images (v. 956-7) soutiennent ce portrait (pour leur description et leur effet, reportez-vous à la lecture méthodique).

Mais, en opposant sa propre noirceur à l'angélisme de Dona Sol, il ne peut que l'inciter à le sauver, à opérer une rédemption par l'amour.

Conclusion

C'est la même que celle de l'explication de texte.

d) L'entretien

> *A partir de la lecture de l'extrait imposé,* le candidat sera sans doute, **d'abord,** appelé à revenir sur quelques points de son explication (**questions d'approfondissement)**
>
> **Ensuite**, il sera très rapidement invité, sous forme de dialogue, à un échange plus large mais qui s'inscrit toujours dans *les perspectives ouvertes par le texte* : place et sens dans l'œuvre elle-même, concepts à développer, genre*, contexte littéraire, historique, culturel, artistique... (**questions d'élargissement**).

Trois exemples de questions d'approfondissement

Par exemple, à partir de l'extrait (III, 4, vers 932 à 964) qu'il vous a proposé, l'examinateur, **au cours de l'entretien**, pourra vous poser l'**une** de ces trois questions d'approfondissement à laquelle vous répondrez en vous reportant à la lecture méthodique.

– Quels sont les traits de caractère d'Hernani que l'on peut considérer comme « grotesques* » dans cet extrait ? Quels sont, au contraire, ceux que l'ont peut considérer comme sublimes ? Justifiez votre réponse en vous appuyant sur des indices textuels.

– Repérez les figures de l'antithèse dans cet extrait. Décrivez-les avec précision et montrez leur fonction.

– Dans cette tirade*, quels traits de caractère ont pu pousser les jeunes gens de 1830 à considérer Hernani comme le parfait héros romantique et à s'identifier à lui ? Justifiez votre réponse en vous appuyant sur des indices textuels précis.

Nous vous proposons maintenant, sur trois extraits pouvant faire l'objet d'une lecture méthodique, trois exemples de questionnaires envisageables à l'entretien.

Extrait n°1 : Acte III, scène 7, vers 1263 à 1296

HERNANI

Au moins permets que j'entende sa voix
Une dernière fois ! rien qu'une seule fois ! rien qu'une seule fois !
(..)

DON RUY GOMEZ, *lui tendant la main.*

Ta main.

Tous deux se serrent la main. Aux portraits.

Vous tous, soyez témoins !

Question d'approfondissement tendant vers un élargissement

Précisez, à partir de cette scène, en quoi consiste la double énonciation* — ou plutôt la double destination — au théâtre. Dites quel est l'effet produit dans la présente situation.

Questions d'élargissement

1. Expliquez pourquoi le don du cor anticipe ici sur le dénouement*. Dites quelle est la valeur symbolique de cet objet.

2. Définissez, à partir de cet extrait, ce qu'est pour Hugo le sublime* et le grotesque*, deux notions essentielles dans le drame romantique*. Quel effet leur assigne-t-il ? Pensez-vous qu'il soit atteint ici ?

*

Extrait n°2 : Acte IV, scène 5, v. 1791 à 1810

DON CARLOS, *seul.*

Il s'incline devant le tombeau.

Es-tu content de moi ?

(..)
Et tu m'as répondu : – Mon fils, par la clémence !

Question d'approfondissement

Le dernier hémistiche n'évoque-t-il pas pour vous d'autres pièces de théâtre ? En particulier, à quelle tragédie classique vous fait-il penser ?

Questions d'élargissement

1. La métamorphose du roi Don Carlos en empereur Charles-Quint.
   – Quels traits de caractère présentait Don Carlos avant son élection ?
   – Quel « autre homme » (v. 1793) est devenu Don Carlos et pourquoi ?

2. Opposez la clémence de l'empereur à la vengeance de Don Ruy Gomez. Que peut symboliser l'attitude du « vieillard » ?

*

Extrait n°3 : Acte V, scène 1, v. 1869 à 1886

DON GARCI

Qu'est-ce alors
Que ce masque ? – Tenez, le voilà.
(..)

DON MATHIAS

Voici les mariés. Silence !

Questions d'approfondissement

1. Qui est ce masque, par qui est-il vu et quel effet produit-il sur les personnages présents sur la scène ?
2. Quel champ lexical le constitue-t-il ?
3. Comment cette scène caractérise-t-elle bien un genre* théâtral, le drame ?

Questions d'élargissement

1. Comment cette apparition préfigure-t-elle le dénouement* ?
2. Que symbolise ce vieillard ? Quelle force incarne-t-il ?
3. Commentez le dénouement*. Pourquoi peut-on le qualifier de romantique ?

Réponse : reportez-vous à **VI**, 2, e), p. 50.

Des questions générales pour l'entretien

Elles doivent toujours surgir à propos d'**un extrait précis** :

Les réponses que l'on attend de vous (sauf la dernière) sont toutes incluses soit dans la première partie de cet opuscule consacrée à la lecture de l'œuvre, soit dans les exercices proposés à l'examen.

Le titre et la — ou les — signification (s) générale (s) de l'œuvre :

V. Hugo a hésité entre trois titres :

- Hernani,
- L'honneur castillan,
- *Tres para una* (Trois pour une).

Commentez-les tous les trois et dites pourquoi V. Hugo a finalement préféré *Hernani*.

Réponse : reportez-vous à « Premières approches de l'œuvre », « *Hernani*, analyse du titre de l'œuvre », pp. 20-21.

Les personnages :

• Pourquoi toute une génération a-t-elle pu s'identifier à Hernani, héros romantique ?

Réponse : reportez-vous aux pistes d'analyse (lecture méthodique de la scène 4 de l'acte III, pp. 32-34).

• Les rapports entre Hernani et Don Carlos : sont-ils faits de haine ou de fascination réciproque ?

Réponse : reportez-vous aux pistes d'analyse (I, 4 ; II, 1 ; et surtout II, 3, pp. 28-31, IV, 3, pp. 39-40).

• Pourquoi et comment Don Carlos devient-il Charles-Quint ?

Réponse : reportez-vous aux pistes d'analyse IV, 2, pp. 37-39 et IV, 5, pp. 42-43.

• Pourquoi peut-on qualifier de sublime le personnage de Dona Sol ?

Réponse : voir VI : « Approches thématiques », 2. d) et e) pp. 49-50.

• Que représente le « vieillard » dans le drame ? *id.*, b) p. 48.

Le cadre spatio-temporel de l'action

• Quelles sont les fonctions de « l'armoire », de la cachette qui se trouve derrière le portrait de Don Ruy Gomez, de l'intérieur même du tombeau de Charlemagne ?

Réponse : non seulement elles vont donner lieu à des phénomènes de double énonciation* qui appellent à la connivence du public mais encore elles suscitent des effets mélodramatiques qui créent une attente angoissée.

• Par quels indices (textuels ou historiques) est-il possible de mesurer le temps écoulé entre le premier et le dernier acte ? La suppression de l'unité de temps rend-elle, à votre avis, le drame plus proche du « réel » ?

Réponse : reportez-vous à la « Structure d'Hernani », pp. 22-24.

L'organisation d'ensemble de la pièce

• Pourquoi le dénouement* n'a-t-il pas lieu à la fin du quatrième acte ? Qu'apporte de plus à la pièce le cinquième acte ?

Réponse : sans le cinquième acte, le public ne comprendrait ni les effets néfastes de la passion dérisoire du vieillard et du poids qu'il représente (celui des forces du passé), ni la liaison de l'amour et la mort chez les Romantiques (reportez-vous à VI, 2, d, pp. 49-50).

• Pourquoi peut-on qualifier *Hernani* de drame romantique* ?

Réponse : reportez-vous à la première partie : « L'ŒUVRE ET SES CONTEXTES », III. « Situation du théâtre en 1830 », 4, « Le drame romantique* » (pp. 16-18), à la définition du glossaire et l'illustrer par des exemples précis pris dans *Hernani.*

La mise en scène

– *Question d'approfondissement (I, 1)*

• Précisez sous forme de didascalies*, les changements de ton de Don Carlos et de la duègne dans la scène d'exposition*.

Réponse :

vers 4 : Josepha, *véhémente et tragique*,
vers 5 : Don Carlos, *coupant, autoritaire et menaçant,*
vers 13 à 16 : Josepha, *très docile* « Oui »… « oui »…,
vers 18 et 19 : Josepha, *scandalisée et révoltée*,
vers 19 et 20 : Don Carlos, *à la fois ironique et menaçant*,
vers 20 : Josepha, *avec admiration et surprise*,
vers 29 : Josepha, *affolée,*
vers 31-32 (premier hémistiche) : *détachée et fataliste*,
vers 32-33 : *suavement pieuse*.

Pour cette dernière question, il vous faut relire les répliques de la duègne d'une façon expressive en produisant les variations de ton que vous avez indiquées.

– *Question d'élargissement :*

Quel est l'effet recherché par les variations de ton ?

Réponse : reportez-vous à la dissertation, 2e partie, écarts de ton, pp. 57-58.

ANNEXES

LES ACTEURS CÉLÈBRES

Document 1

Dans ses *Mémoires* de 1830, publiés de 1851 à 1853, Alexandre Dumas rend hommage à l'actrice Mademoiselle Mars bien qu'elle l'ait bien souvent blessé dans sa sensibilité.

J'ai dit que notre littérature n'était pas sympathique à Mlle Mars, mais je dois ajouter ou plutôt répéter une chose, c'est que, comme Mlle Mars, au théâtre, était le plus honnête homme du monde, une fois la première représentation engagée, une fois que le feu des applaudissements ou des sifflets avaient salué le drapeau — fût-il étranger — sous lequel elle combattait, elle se serait fait tuer plutôt que de reculer d'un pas ; elle aurait subi le martyre plutôt que de renier, nous ne dirons pas sa foi, — notre école n'était pas sa foi, — mais un serment. Seulement, pour en arriver là, il fallait passer par cinquante ou soixante répétitions, et ce qu'il y avait, pendant ces cinquante ou soixante répétitions, d'observations hasardées, de grimaces faites, de coups d'épingles donnés à l'auteur, c'était incalculable.

Il va sans dire que ces coups d'épingle pour le corps étaient bien souvent des coups de poignard pour le cœur.

Document 2

A. Dumas raconte ensuite comment Mademoiselle Mars, odieuse lors des répétitions d'*Henri IV*, le fut encore durant celles d'*Hernani*.

Au milieu de la répétition, Mlle Mars s'arrêtait tout à coup.

« Pardon, mon ami, disait-elle à Firmin, à Michelot ou à Joanny, j'ai un mot à dire à l'auteur. »

L'acteur auquel elle s'adressait faisait un signe d'assentiment, et demeurait muet et immobile à sa place.

Mlle Mars s'avançait jusque sur la rampe, mettait la main sur ses yeux, et, quoiqu'elle sût très bien à quel endroit de l'orchestre se trouvait l'auteur, elle faisait semblant de le chercher.

C'était sa petite mise en scène, à elle.

« Monsieur Hugo ? demandait-elle, monsieur Hugo est-il là ? »

– Me voici, Madame, répondait Hugo en se levant.

– Eh ! très bien ! merci… Dites-moi, monsieur Hugo…

– Madame ?

– J'ai à dire ce vers-là :

Vous êtes mon lion superbe et généreux !

– Oui, Madame : Hernani vous dit :

Hélas ! j'aime pourtant d'une amour bien profonde !
Ne pleure pas… Mourons plutôt ! Que n'ai-je un monde,
Je te le donnerais ! Je suis bien malheureux !

et vous lui répondez :

Vous êtes mon lion superbe et généreux !

– Est-ce que vous aimez cela, monsieur Hugo ?

– Quoi ?

– Vous êtes *mon lion* !…

– Je l'ai écrit ainsi, Madame ; donc, j'ai cru que c'était bien.

– Alors, vous y tenez, à votre lion ?

– J'y tiens et je n'y tiens pas, Madame ; trouvez-moi quelque chose de mieux, et je mettrai cette autre chose à la place.

– Ce n'est pas à moi à trouver cela : je ne suis pas l'auteur, moi.

– Eh bien, alors, Madame, puisqu'il en est ainsi, laissons tout uniment ce qui est écrit.

– C'est qu'en vérité, cela me semble si drôle d'appeler M. Firmin mon lion !

– Ah ! parce qu'en jouant le rôle de Dona Sol, vous voulez rester mademoiselle Mars ; si vous étiez vraiment la pupille de Ruy Gomez de Silva, c'est-à-dire une noble Castillane du XVIe siècle, vous ne verriez pas dans Hernani monsieur Firmin ; vous y verriez un de ces terribles chefs de bande qui faisaient trembler Charles Quint jusque dans sa capitale ; alors, vous comprendriez qu'une telle femme peut appeler un tel homme son lion, et cela vous semblerait moins drôle.

– C'est bien ! puisque vous tenez à votre lion, n'en parlons plus. Je suis ici pour dire ce qui est écrit ; il y a dans le manuscrit : « Mon lion ! » je dirai « Mon lion ! » Moi… Mon Dieu ! cela m'est bien égal ! — Allons, Firmin !

Vous êtes mon lion superbe et généreux !

Et la répétition continuait.

Document 3

Dans son *Journal*[1], tenu au jour le jour, l'acteur Joanny, bien qu'il fût le seul vrai partisan d'Hugo à la Comédie-Française, qualifie *Hernani* de pièce « originale » (adjectif connoté négativement dans ce contexte) même s'il ne peut nier les beautés de l'œuvre. A ses appréciations littéraires et aux réactions du public, il mêle des réflexions sur sa propre interprétation du rôle de Don Ruy Gomez.

Hernani
Jeudi 25 février 1830

Cette pièce a complètement réussi, malgré une opposition bien organisée. Et malgré la manière originale dont cet ouvrage est traité, les beautés qu'il renferme le rendront toujours supérieur aux lâches efforts de la malveillance. J'ai joué mon vieux duc de Silva tout aussi bien qu'il est possible de le faire à une première représentation. Peut-être par la suite ce rôle me fera-t-il honneur.

Hernani
Samedi 27 janvier 1830

L'ouvrage est vigoureusement attaqué et vigoureusement défendu. Nous verrons.

[...]

Hernani
Samedi 5 juin 1830

Hernani a traversé 33 représentations au milieu d'attaques continuelles ; c'était une guerre ; mais bientôt, je crois... « Le combat finira, faute de combattants. »

Hernani
Vendredi 11 juin 1830

Le roi et la reine de Naples, la duchesse de Berry et toute la famille d'Orléans ont assisté à cette représentation. J'ai bien joué.

Hernani
Vendredi 18 juin 1830

Représentation sans scandale, où je puis dire avoir bien joué.

Hernani
Mardi 22 juin 1830

Le public semble en avoir assez ; — et moi aussi.

---

1. *Journal de Joanny*, édité par M. Descotes, P.U.F.

UNE DÉFINITION DU GROTESQUE*

C. Duchet, dans sa « Présentation » de la « Préface de *Cromwell*[1] », tente de définir ce qu'Hugo nomme le « grotesque* ».

> L'histoire du grotesque chez Hugo serait à faire. La *Préface* témoigne, en ce qui concerne le mot, d'une mutation de sens (que le *Dictionnaire de l'Académie* enregistre dès 1834) : en août 1826 le grotesque était du côté de l'antinature, du parc à la française où les arbres sont « forcés de subir les grotesques caprices de la serpe et du cordeau » ; et son antonyme, l'ordre naturel, c'est-à-dire irrégulier. En 1827, le grotesque est défini, ou plutôt connoté, au cours des pages, avec une profusion qui déconcerte l'analyse. Son champ sémantique se constitue de proche en proche par contamination et par réfraction des sens successifs, autant que par opposition à la catégorie du sublime. Voici, au cours du texte, ce que l'on peut ranger sous la mouvance du grotesque : passagère, animal, corps, laid, difforme, mal, ombre, risible, bête, comédie, incomplet, terrible, bouffon, ridicule, parodie, grimaçant, bizarre, sabbat, Satan, hideux, burlesque, fantaisie, gambader, ramper, libre, franc, hardi, informe, passions, vices, crimes, abîme, tempêtes, trivial, bas, populace, roture…

LA CENSURE

Document 1

Une note du baron Trouvé[2] répertorie les demandes de corrections et de suppressions (concernant le drame d'*Hernani*), faites lors de la réunion de censure présidée par Monsieur Rives.

> Malgré l'avis de la commission qui veut qu'on livre au public cette pièce telle qu'elle est, on pense qu'il convient d'exiger :
>
> 1° Le retranchement du nom de *Jésus partout* où il se trouve ;
>
> 2° A la page 27 et 28 de substituer aux expressions insolentes et inconvenantes
>
> Vous êtes un lâche, un insensé…
>
> adressées au roi, des mots moins durs et moins pénétrants ;
>
> 3° A la page 28, dans le même sens, ce vers doit être changé :
>
> Crois-tu donc que les rois, à moi, me sont sacrés !

1. *in* : Victor Hugo, *Œuvres complètes*, Club français du livre, 1967, t. 3, p. 32.
2. *in* : Victor Hugo, *Œuvres complètes*, *op. cit.*, p. 1414.

4° Page 59, supprimer ou changer le commencement du vers :
Un mauvais roi…
On peut rester, par réticence, sur la fin du vers précédent :
« […] Roi don Carlos, vous êtes… »
Mais on craindrait d'odieuses allusions à ce passage ;

5° Remplacement de ces deux vers, page 71 dont le sens est trop amer et l'expression trop dure, en parlant des courtisans :
« Basse cour où le roi, mendié sans pudeur,
A tous ces affamés émiette la grandeur. »

6° Pages 73 et 74 commençant par ce vers :
« Pauvres fous [les rois] ! qui, l'œil fier, le front haut, visent droit
A l'empire du monde et disent : *J'ai mon droit.*
Ils ont force canons rangés en longues files
Dont le souffle embrasé ferait fondre des villes ;
Ils ont vaisseaux, soldats, chevaux… et vous croyez
Qu'ils vont marcher au but sur les peuples broyés.
Baste !… Au grand carrefour de la nature humaine,
Qui mieux encor qu'au trône à l'échafaud nous mène,
A peine ils font trois pas qu'indécis, incertains,
Tâchant en vain de lire au livre des destins,
Ils hésitent, peu sûrs d'eux-même, et dans le doute
Au nécroman du coin vont demander leur route. »
Cette paraphrase du mot de Frédéric :
Dieu est du côté des gros bataillons…
semble devoir être retranchée à cause du ton général du couplet du *Droit* attaqué et de l'*Échafaud*. Le sens et le commentaire tolérables de cette pensée se trouvent suffisamment dans les vers qui précèdent ceux-ci…

Document 2

Une lettre de février 1830 adressée à Hugo par le baron montre le « rétablissement » de quelques passages et de quelques expressions[1].

Monsieur, il m'est agréable d'avoir à vous annoncer que Son Excellence, faisant droit à vos observations que je me suis empressé de mettre sous ses yeux, a bien voulu consentir au rétablissement de quelques passages supprimés dans *Hernani*. Vous êtes donc autorisé à laisser subsister sur le manuscrit visé les expressions suivantes adressées à Don Carlos : *lâche, insensé, mauvais roi*.

TROUVÉ.

1. *in* : Victor Hugo, *Œuvres complètes*, *op. cit.*, p. 1415.

LA « BATAILLE » D'*HERNANI*

Document 1

Théophile Gautier a décrit, dans l'*Histoire du Romantisme*, l'attente angoissée des Jeunes Romantiques lors de la première représentation d'*Hernani*.

Il aurait suffi de nous faire entrer une heure avant le public ; mais, dans une intention perfide et dans l'espoir sans doute de quelque tumulte qui nécessitât ou prétaxtât l'intervention de la police, on fit ouvrir les portes à deux heures de l'après-midi, ce qui faisait huit heures d'attente jusqu'au lever du rideau.

La salle n'était pas éclairée. Les théâtres sont obscurs le jour et ne s'illuminent que la nuit. Le soir est leur aurore et la lumière ne leur vient que lorsqu'elle s'éteint au ciel. Ce renversement s'accorde avec leur vie factice. Pendant que la réalité travaille, la fiction dort.

Rien de plus singulier qu'une salle de théâtre pendant la journée. A la hauteur, à l'immensité du vaisseau encore agrandies par la solitude on se croirait dans la nef d'une cathédrale. Tout est baigné d'une ombre vague où filtrent, par quelque ouverture des combles ou quelque regard de loge, des lueurs bleuâtres, des rayons blafards contrastant avec les tremblotements rouges des fanaux de service disséminés en nombre suffisant, non pour éclairer, mais pour rendre l'obscurité visible. Il ne serait pas difficile à un œil visionnaire, comme celui d'Hoffmann, de trouver là le décor d'un conte fantastique. Nous n'avions jamais pénétré dans une salle de spectacle le jour, et lorsque notre bande, comme le flot d'une écluse qu'on ouvre, creva à l'intérieur du théâtre, nous demeurâmes surpris de cet effet à la Piranèse.

On s'entassa du mieux qu'on put aux places hautes, aux recoins obscurs du cintre, sur les banquettes de derrière des galeries, à tous les endroits suspects et dangereux où pouvait s'embusquer dans l'ombre une clef forée, s'abriter un classique furieux, un prudhomme épris de Campistron et redoutant le massacre des bustes par des septembriseurs d'un nouveau genre. Nous n'étions là guère plus à l'aise que don Carlos n'allait l'être tout à l'heure au fond de son armoire ; mais les plus mauvaises places avaient été réservées aux plus dévoués, comme en guerre les postes les plus périlleux aux enfants perdus qui aiment à se jeter dans la gueule même du danger. Les autres, non moins solides, mais plus sages, occupaient le parterre, rangés en bon ordre sous l'œil de leurs chefs, et prêts à donner avec ensemble sur les philistins au moindre signe d'hostilité.

Six ou sept heures d'attente dans l'obscurité, ou tout au moins la pénombre d'une salle dont le lustre n'est pas allumé, c'est long, même lorsqu'au bout de cette nuit *Hernani* doit se lever comme un soleil radieux.

Document 2

Le *Journal* (26 février 1830) de Monsieur Viennet, l'un de chefs les plus écoutés du parti classique expirant, présente d'abord un résumé d'*Hernani* qui est une véritable parodie de la pièce afin d'en ridiculiser l'auteur, puis il regrette le goût classique et décrie « le style et les vers » d'Hugo.

26 février 1830. — Le Théâtre-Français nous a donné enfin le chef-d'œuvre annoncé depuis si longtemps, cet *Hernani* qui doit effacer tout ce que l'art dramatique a produit jusqu'ici. C'est ainsi qu'en parlent depuis deux mois les Nodier, les Frédéric Soulié, et les gens du *Globe*. Les journaux ne craignaient pas de révéler le nom de l'auteur. A les entendre, la pièce était impatiemment attendue. On fixait le jour de la représentation, puis on annonçait avec douleur qu'elle était remise. Elle a eu lieu enfin, et dès six heures la salle était pleine. Les bureaux n'ont pas été ouverts. A quoi bon ? Il n'y avait pas de billets à prendre, ils étaient donnés d'avance et les applaudisseurs ne manquaient pas ; mais ils craignaient tellement les extravagances de la pièce qu'ils avaient averti le public de leur authenticité par des extraits de la chronique espagnole d'Alaya. Le dénouement leur faisait peur, et, en effet, il était assez bizarre.

Hernani est surpris aux pieds de dona Sol par le vieux duc de Silva au moment où celui-ci va épouser sa pupille. Au milieu des explosions de sa colère un cor se fait entendre. C'est le roi Charles-Quint qui vient réclamer la tête du bandit qui s'est réfugié chez le duc. Silva refuse et dit qu'il ne livrera pas son hôte. C'est très généreux à lui de ne pas livrer son rival à la potence, et la situation est dramatique, quoique le sentiment soit exagéré. Mais voici le bizarre. Charles emmène dona Sol qu'il aime et qu'il veut séduire. Le vieillard ne s'y oppose pas, mais il est justement traité de stupide par Hernani auquel il l'annonce, en lui déclarant qu'il va le faire périr. « Laisse-moi te venger auparavant, répond le bandit. — Soit ; mais tu m'échapperas ? — Non. Ma vie est à toi. Prends ce cor, et, quand tu en sonneras, je me tuerai. — C'est bien. » Les voilà partis ensemble des environs de Saragosse pour Aix-la-Chapelle où l'on va faire un empereur. Charles s'y est rendu. Il se cache en attendant dans le tombeau de Charlemagne. Les conjurés rassemblés par le duc de Silva et Hernani viennent délibérer aux portes de ce tombeau pour que le futur empereur les entende. Il sort en effet, les prie d'aller conspirer plus loin, les fait arrêter et les condamne à la mort. Hernani découvre alors son origine par un mouvement qui est assez beau : il se nomme Jean d'Aragon, grand d'Espagne, dont le Roi a fait périr le père sur l'échafaud. César fait le généreux, il lui fait grâce et lui donne sa maîtresse. Notez qu'il l'a emmenée avec lui depuis Saragosse, et que M. Victor Hugo nous le présente comme le plus débauché des hommes. Hernani se garde bien d'y regarder de si près ; il prend dona Sol comme elle est ; il l'épouse, la ramène en Espagne, s'enivre de bonheur, quand son maudit cor se fait entendre. Le duc de Silva réclame ainsi sa proie ; et, fidèle aux prétendues lois de l'honneur castillan, Hernani s'empoisonne avec dona Sol.

Si, dans le temps où le goût régnait, on eût présenté au parterre ce tissu d'invraisemblances, de niaiseries, d'absurdités, tous les sifflets de Paris auraient fait un beau tapage. Mais aujourd'hui c'est autre chose. Racine et Voltaire sont bafoués, et voilà ce qu'une faction littéraire prétend substituer à *Athalie* et à *Mérope*. Voilà ce qu'on nous prônait depuis un an, voilà ce qu'on a applaudi à tout rompre. Les gens de l'ancien régime poétique ont eu beau protester par des murmures, des sifflets, des exclamations, la cabale était en force et l'auteur a été proclamé.

Ce n'était rien que le sujet ! C'est le style et les vers qu'il fallait entendre ! Victor Hugo ne dit rien comme un autre. Il lui passe quelquefois de grandes pensées : mais il les rend, à dessein, d'une manière si ridicule que le rire étouffe immédiatement l'admiration. Dès que le sublime se montre, la trivialité de l'expression le fait disparaître. Je ne veux rien citer. L'imprimerie assure la perpétuité de cette immense rhapsodie, mais la postérité française sera bien étonnée qu'on ait fait dire tant de pauvretés à notre belle langue et qu'une de nos générations ait prit cela pour un chef-d'œuvre.

On assure que la salle sera remplie dix fois avant que le vrai public puisse faire justice de cette farce tragique. Mais les amis ont l'effronterie de publier que la recette s'est élevée à 5134 francs, quand tout le monde sait qu'il n'a pas été pris un billet au bureau. L'absurde doit être soutenu par le mensonge.

Document 3

Le lendemain de la première d'*Hernani*, un jeune provincial, André Pavie, ami de Victor Hugo, monté à Paris pour cet événement en fait, le 26 février 1830, dans une lettre à son père, un rapport enthousiaste[1].

Victoire ! Victoire ! Bataille gagnée, *Hernani* est à nous. [...]

A sept heures, la toile se lève, et, pendant dix minutes environ Mlle Tousé cousait, se levait, puis recousait tour à tour, au milieu d'un murmure hostile que sa voix altérée ne pouvait subjuguer. Puis cela finit, et l'on vit bien que ce bruit qui se taisait était le râle *pulmonique* d'une opposition expirante, qui s'anéantissait pour toujours. La répétition générale de la veille m'avait à peu près garanti le succès de la pièce : je craignais quelque peu pour le premier acte, et maintenant, une fois la toile baissée sur lui, au milieu des bravos, mon violent serrement de cœur se détendit, et je me dis : « Nous avons gagné. » Le second acte, j'en étais sûr. Il ronfle comme un tuyau d'orgue. Mes vingt-neuf amis me faisaient comme les plumes à la queue d'un paon. Ils s'étalaient en roue de ma gauche à ma droite et me secondaient de toute la puissance de leurs poumons, l'ampleur de leurs battoirs et le trépignement de leurs pieds. Au troisième acte, opposition de rigueur, et un sifflet à la plus belle scène, mais englouti à cent pieds dans la mer,

1. Lettre publiée *in* : André Pavie, *Médaillons romantiques*, 1900.

sous des algues de bravos conjurés. Mon front ruisselait de sueur et mes vêtements étaient trempés comme ceux d'un naufragé. A chaque bond que je faisais sur ma banquette, le corps incliné vers l'abîme du parterre, deux mains officieuses et inconnues pesaient sur mes épaules et contremandaient mon élan. Le quatrième acte n'était pas une scène de ce monde ; c'était plutôt une scène d'ombres jouée sur des tombeaux. Le monologue de Charles-Quint atterra toute la salle. Ce n'étaient plus des acclamations, c'était un brasier de *Oh !* comprimés et sourds. Ce quatrième acte est la réverbération la plus puissante du génie de Hugo. Un tonnerre d'applaudissements l'accueillit au baissé de rideau. J'avais lâché la bride sur le cou à tous mes amis… [ils] étaient comme des lions. Mme Hugo nous avait vus avant la pièce, cela nous donnait du cœur. Le siffleur qui avait brisé son sifflet sur le plus beau vers du quatrième acte lâcha sur le cinquième le mot *mélodrame*, qui n'eut pas plus de succès. Il n'y avait que l'entraînement de la passion qui pût produire quelque chose après le grandiose concentré du quatrième acte, et, de toute manière, cet effet dépassa l'attente. Le son du cor fut un navrement universel pour les quatre points de la salle, et quand dona Sol fut retombée sur le corps d'Hernani, son fiancé, que la toile fut tombée pour toujours avec eux, un seul cri d'enthousiasme effréné partit de l'enceinte, jusqu'à ce que Firmin eût amené l'auteur de ce monumental et décisif chef-d'œuvre. Tout le monde se leva et personne ne sortit. — « Hugo ! l'auteur ! l'auteur ! bravo, Victor ! Amenez ! Amenez ! » Cela dura une demi-heure, moi, rugissant par-dessus tous les rugissements connus, et souhaitant du fond de l'âme qu'il ne parût point. Mais n'arriva-t-il pas autre chose ? Ne voilà-t-il pas que, d'un mouvement unanime, la salle entière pivote vers le charmant visage de femme encore pâle de la fièvre du matin et de la préoccupation du soir, et que les chapeaux et les mouchoirs s'agitent devant elle comme devant une reine ! Je n'ai jamais eu si grande envie de pleurer que dans ce moment-là, et je maudissais ma place qui m'empêchait de me tourner vers elle, étant moi-même au-dessus.

Dans la rue de Richelieu on criait encore. Jamais de notre vie de jeunes hommes, succès pareil n'avait eu lieu. Une mise en scène superbe. Le meilleur comédien est Michelot, qui ressemblait au Charles-Quint de Gros. Le plus inégal, mais le plus espagnol et le plus coloré, c'est Joanny. Firmin, rugissant, épileptique et grêle, l'antipode du vers de Hugo. Il fallait Beauvallet ou personne. Quant à Mlle Mars, elle avait réuni ce soir-là, sur son ancienne tête rajeunie, le pathétique de Mme Dorval et la candeur primitive de miss Smithson. Ce serait folie à lier que de la comparer, dans quoi que ce soit, à ce qu'elle fut là dedans.

Document 4

Dans le journal officiel du Second Empire, *Le Moniteur* du 21 juin 1867, Théophile Gautier célèbre, trente-sept ans après sa création, la reprise triomphale d'*Hernani*, dans une ambiance apaisée.

[...] Pour cette génération [celle de 1830] *Hernani* a été ce que fut *Le Cid* pour les contemporains de Corneille. Tout ce qui était jeune, vaillant, amoureux, poétique, en reçut le souffle. Ces belles exagérations héroïques et castillanes, cette superbe emphase espagnole, ce langage si fier et si hautain dans sa familiarité, ces images d'une étrangeté éblouissante, nous jetaient comme en extase et nous enivraient de leur poésie capiteuse. Le charme dure encore peur ceux qui furent alors captivés. Certes, l'auteur d'*Hernani* a fait des pièces aussi belles, plus complètes et plus dramatiques que celle-là peut-être, mais nulle n'exerça sur nous une pareille fascination.

... La salle n'était pas moins remplie ni moins animée que le 25 février 1830 — mais il n'y avait plus d'antagonisme classique et romantique. Les deux camps s'étaient fondus en un seul, battant des mains avec un ensemble que ne troublait plus aucune discordance. Les passages qui jadis provoquaient des luttes étaient, nuance délicate, particulièrement applaudis, comme si l'on voulait dédommager le poète d'une antique injustice. Les années se sont écoulées, et l'éducation du public s'est faite insensiblement ; ce qui le révoltait naguère lui semble tout simple. Les prétendus défauts se transforment en beautés, et tel s'étonne de pleurer là où il riait et de s'enthousiasmer à l'endroit qu'il sifflait.

... L'œuvre elle-même a gagné avec le temps une magnifique patine ; comme sous un vernis d'or qui adoucit et qui réchauffe en même temps, les couleurs violentes se sont calmées, les âpretés de touche, les férocités d'empâtement ont disparu ; le tableau a la richesse grave, l'autorité et la largeur de pinceau d'un de ces portraits où Titien, le peintre de Charles-Quint, représentait quelque haut personnage avec son blason dans le coin de la toile.

GLOSSAIRE LINGUISTIQUE ET THÉÂTRAL

allitération : répétition d'une même consonne ou d'un même suite consonantique.
ex. : « De **ce** *f*ou *f*urieux, de **ce** **s**ombre in**s**en**s**é » (v. 935).

antithèse : procédé (constamment utilisé par Hugo) par lequel il souligne, en les rapprochant, l'opposition de deux mots ou de deux idées :
ex. : Dona Sol à Hernani : « ...Êtes-vous mon démon ou mon ange ? » (v. 152).

aparté : est en général signalé dans la didascalie*. Le personnage tient, pour lui-même et pour le public, des propos que les autres personnages présents sur la scène sont censés ne pas entendre.
ex. : Don Carlos, *revenant, **à part.***
« Notre homme a la mine attrapée. » (v. 375).

apostrophe (ou vocatif) : consiste à nommer le destinataire à qui l'on s'adresse. Elle est exclusivement liée à l'énonciation de discours.
ex ; : Hernani, seul.
« Oui, ta suite, **ô roi** ! de ta suite ! J'en suis. » (v. 381)

assonance : répétition d'une même voyelle ou d'un même suite vocalique :
Ex : « J'ai besoin de **vous voir** encore et de **vous voir toujours**
Et de **vous voir toujours**. « (v : 155-56).

auteur : personne réelle qui écrit et signe un article, un livre.
On le distingue (sauf dans l'autobiographie) du *narrateur,* être de « papier », c'est-à-dire celui qui **raconte,** — même s'il est effacé comme dans le récit à la 3e personne.

axiologiques : les mots (nom, adjectif, verbe) qui disent la position de l'énonciateur face à l'objet qu'il désigne.
Ex. : Hernani
« Eh bien, non ! et de toi **démon**, je me délivre ! (v. 2036) : nom subjectif et dépréciatif)
Ta parole est un **chant** ». (v. 1960 : nom subjectif et valorisant).
« Ah ! qui n'oublierait tout à cette voix **céleste** ! » (v. 1959 : adjectif subjectif et valorisant

bienséances : tout ce qui relève du code des convenances et de la morale au XVIIe siècle : on n'évoque pas ce qui touche au corps, à la vie naturelle, à la sexualité, on ne montre ni les combats, ni la maladie, ni la mort sur la scène.
Ex : au XVIIe siècle, Hernani et Dona Sol (car la Phèdre de Racine est une exception) ne s'empoisonneraient pas sur la scène mais un personnage secondaire viendrait faire le **récit** de leur double suicide et de celui de Don Ruy Gomez.

césure : coupe centrale dans le vers exigée par la syntaxe et le sens pour en régler le rythme ; généralement un *alexandrin* (vers de douze syllabes), se trouve divisé en deux *hémistiches* (six syllabes et six syllabes).
ex. : « C'est là ton collier d'or, //
1 2 3 4 5 6 //
c'est ta bell**e** couronne, » (v. 950).
7 8 9 10 11 12 (**lier** 5e = synérèse).

connecteurs : ce sont des mots de liaison (conjonctions ou locutions conjonctives, adverbes, compléments de lieu et de temps...). Ils varient en fonction des types de textes.
– dans les séquences narratives/ descriptives ou expositives, ils sont spatio- (« Saragosse », « Une chambre à coucher, « Ici ») temporels (« la nuit »).

– dans les séquences expositives ou explicatives, comme votre exposé, ils « balisent » votre texte : dans une première partie, d'abord, ensuite, enfin...
– dans les séquences argumentatives, comme votre dissertation, ils sont le plus souvent logiques (c'est pourquoi, donc, en conséquence, parce que, puisque...).

consonnes constrictives : elles sont obtenues par constriction (= resserrement) de la bouche et articulées avec un frottement de l'air expulsé. Elles évoquent un sifflement ou un chuintement : F, V, (S), Z, Ch, (K).

consonnes occlusives : elles sont obtenues par la fermeture de la bouche et l'expulsion de l'air et articulées par une brutale sortie d'air : p, b, t, d, k, g.
La réitération de ces différentes consonnes ainsi que leur opposition (avec des constrictives comme dans les vers 948-949) dans un ou plusieurs vers produisent des effets de soulignement qui font d'un texte en vers « un objet qui dure » (Jakobson).
Ex. : » Tu pourras y **ch**oi**s**ir ou du **s**ang ou des pleurs.
L'exi*l*, *l*es **f**ers, *l*a mort, *l*'e**ff**roi qui m'environne, (v. 948-49).
Remarquons aussi la présence de la seule liquide française (*l*) x par 5 qui y est associée dans le vers 949.
Notons encore la présence d'allitérations : (i) x 6 : y, choisir, exil, qui, environne ;

déictiques : marques des participants à l'acte d'énonciation (**l'énonciation** est **l'acte** de parole ou d'écriture qui permet de produire l'énoncé, **l'énoncé** est le produit fini, la suite de phrases). Ce sont :
– les marques de la 1re personne (je, me, mon, mes, nous...) et de la 2e personne (tu, te, ton, tes, vous...) ; elles s'opposent à la 3e personne : ce dont on parle ;
– les temps du DISCOURS (présent d'énonciation, passé composé, futur ; le mode : l'impératif) ;
– les locutions spatio- (ici...) et temporelles (maintenant...).

dénouement : heureux ou malheureux, c'est la dernière péripétie ; il apporte une *solution* et survient quand tous les obstacles sont éliminés.

didascalies : seules marques de la présence de l'**auteur** dans le texte de **théâtre,** elles indiquent la liste des personnages, leurs tours de parole et les indications scéniques.

diégèse : désigne l'histoire, la succession des faits.

double énonciation (ou plus exactement **double destination**) : il y a, au théâtre une double énonciation : sur scène, et de la scène vers la salle : les personnages se parlent et parlent au public, l'information n'est pas toujours partagée par tous.
ex. : à la scène 2 de l'acte I, Dona Josepha et lecteurs ou spectateurs savent que Don Carlos est caché dans l'armoire mais Hernani et Dona Sol ne le savent pas. La double énonciation crée souvent des effets dramatiques.

drame romantique : sous l'influence de Shakespeare, le théâtre romantique, au XIXe siècle, récuse les règles du théâtre classique (sauf l'unité d'action), mêle tous les genres. C'est un théâtre qui se veut *moderne,* c'est-à-dire, miroir de son temps, et dont l'ambition est de ressusciter l'histoire, de mêler intimement les genres et d'exprimer la dualité de l'être humain.

enjambement : syntaxe et limite du vers ne coïncident pas ; on parle de *rejet* lorsqu'une phrase commencée dans un vers se prolonge dans le vers suivant sans toutefois l'occuper tout entier.
ex. d'enjambement :
« Épouse le vieux duc ! il est bon, il est noble, il a / Par sa mère Olmedo, par son père Alcala. » (v. 943-4).
ex. de rejet :
« Car tu m'as supporté trop longtemps, car je suis / *Mauvais*. Je noircirais tes jours avec mes nuits. » (v. 939-40).

éponyme : qui donne son nom. Hernani ou Britannicus sont des héros éponymes parce qu'ils donnent leur nom à la pièce.

épopée / épique : donne aux faits et aux personnages une force et une noblesse inhabituelles. Elle comporte une intervention du merveilleux et a une dimension historique. (= la métamorphose de Don Carlos en Charles-Quint par la présence de « l'ombre » — ou du cadavre — de Charlemagne).

exposition : partie de la pièce (une ou plusieurs scènes) qui apporte tous les éléments indispensables à la compréhension de la situation initiale. Elle pose les bases de l'action.

fonctions du langage : Il y en a 6 mais les trois suivantes sont particulièrement utilisées par Hugo :
– fonction *expressive — ou émotive* : elle est centrée sur l'émetteur ; elle exprime ses émotions, c'est pourquoi elle use de nombreuse marques de la 1re personne, d'interjections (hélas...), de types de phrases exclamatives...),
– fonction *conative* : elle est centrée sur le récepteur dont elle vise à transformer l'opinion ou le comportement ; elle utilise essentiellement l'apostrophe et l'impératif, le subjonctif d'ordre ou de souhait,
– fonction *poétique* : elle est centrée sur la forme même du message. Elle met l'accent sur les images et sur les sonorités, sur le rythme.

genres : ensembles de textes regroupés selon des traits communs qui obéissent à des contraintes (roman, théâtre, poésie...).
Quand on parle de *mélange des genres,* il s'agit plutôt de mélange des *registres* (façon de percevoir le réel). Le *comique* perçoit le réel à travers le rire, le *burlesque* est un comique outré, d'une fantaisie débridée et parfois triviale, le *tragique* exprime la prise de conscience par l'homme de forces qui le dépassent, l'écrasent, le *pathétique* privilégie les émotions intenses.

grotesque : (de l'italien *grottesca* à cause de dessins bizarres trouvés dans les grottes antiques) signifie, dans la langue classique, « ridicule par son aspect étrange. » Hugo lui a donné un sens nouveau : « animal, corps, laid, difforme, mal, ombre, risible, bête, comédie [...], terrible, bizarre, sabbat, Satan, hideux, burlesque, [...] passions, vices, crimes, abîme, tempête [...] ». (définition de C. Duchet, « Présentation de la Préface de *Cromwell* », t. 3, Club du Livre, p. 32). « Le grotesque se constitue par opposition au *sublime* : ce qui est suave, aérien, merveilleux ».

horizons d'attente : ce sont des modèles implicites de sujets, de formes et de contenus façonnés par la culture d'une époque et d'un milieu donnés qui sont attendus par les lecteurs ou le public.

injonction : le fait de donner des ordres. Le mode impératif à 2e personne du singulier et du pluriel et à la 1re personne du pluriel est l'une des façons d'exprimer l'ordre : « Repousse-moi », « Épouse le vieillard ».

intertextualité : relations qu'un texte entretient avec un autre (allusions, citations, voire réécriture).

mélodrame : drame populaire où sont accumulées les situations pathétiques, imprévues, voire difficilement vraisemblables.

métaphore : comparaison sans outil de comparaison (comme, semblable à, tel...), identification du comparé et du comparant. Voici des exemples de :
– comparaison : « Toi (comparé), paisible et croissant **comme** (outil de comparaison) une fleur à l'ombre (comparant), » (v. 957) ;
– métaphore *in praesentia* (co-présence du comparé et du comparant) :
« J'étais grand, j' (comparé) eusse été le lion de Castille ! (comparant) » (v. 1218) ;
– métaphore *in absentia* :
« Ah ! le tigre (comparant) est en bas qui hurle et veut sa proie ! » (v. 1981).
Le comparé (Don Ruy Gomez) est absent mais implicite. C'est au lecteur de le construire.

mètre : nature du vers déterminé par le nombres de syllabes qui le composent.

nœud de l'action : des informations ont été données mais une — ou des — question(s) surgissent qui vont engager l'action.

oxymore : alliance de deux termes incompatibles dans la langue courante :
ex. :« Mauvais. Je **noircirais** *tes jours* avec mes nuits ! » (v. 940).

paratexte : tout ce qui entoure le texte : 1re et 4e de couverture, titre, introduction, préface, notes…

péripétie : bouleversement de situation qui amorce un processus de transformation.

rôle thématique : fait partie des *substituts* — ce qui remplace un nom, un pronom. (Ex : Don Ruy Gomez, il, le duc, le vieillard…). Les substituts grammaticaux : il, celui-ci… évitent les répétitions ; les substituts lexicaux : le duc, le vieillard… apportent des informations nouvelles.

stichomythie : dialogue tragique ou les personnages se répondent vers pour vers.

synecdoque : signifie la partie pour le tout et peut être englobée sous le terme de métonymie relation de contiguïté qui consiste à substituer un terme à un autre pour désigner un même référent) :
ex. : « L'exil, les fers, la mort, l'effroi… » pour Hernani (v. 949),
« Ta belle couronne, « ton collier d'or » pour Dona Sol (v. 950).

tétramètre : alexandrin qui repose sur **quatre** accents d'intensité et qui est séparé par une césure.
ex. : « Dona Sol/, prends le duc//, prends l'enfer/, prends le roi !/. » (v. 983).

trimètre : alexandrin qui repose sur **trois** accents d'intensité. Il fait disparaître la césure.
ex. « Je suis banni ! /Je suis proscrit !/ Je suis funeste !/ » (v. 688).

tirade : long discours d'un personnage s'adressant à un ou à plusieurs interlocuteurs.

vaudeville : comédie légère, d'un comique appuyé.

BIBLIOGRAPHIE

BONY J., *Lire le Romantisme,* Dunod, 1992.

COLLECTIF, *Histoire littéraire de la France,* Les éditions sociales, 1972, tome IV, en 2 parties :

– première partie :

• article d'A. Ubersfeld, « Le mélodrame », pp. 669 à 674.

– deuxième partie : articles de :

• M. A. Bouvier-Adam, « Alexandre Dumas », pp. 131 à 134.

• A. Ubersfeld, « Hugo et le théâtre ».

GENGEMBRE G., *Le Romantisme,* éditions Ellipses, 1994.

HUGO, *Hernani,* dans les éditions :

1 - Delagrave, 1947, Présentation et notes de M. Levaillant.

2 - Club du Livre, tome III, 1967 :

• « *Cromwell* et sa Préface », Présentation de C. Duchet, pp. 5 à 38,

• Présentation (et notes) de J. Massin. pp. 889 à 925.

3 - La Pléiade. Notice et notes d'*Hernani*, p. 176.

LIOURE M., *Le Drame de Diderot à Ionesco,* Colin, U prisme n°17, 1773.

UBERSFELD A., *Le Drame romantique*, Belin supérieur, 1994.

TDC 534, 13 décembre 1989, qui mentionne la bibliographie suivante :

• Ouvrages généraux

– BOURGET Jean-Loup, *Le Mélodrame hollywoodien*, Paris, Stock, 1985. Un trésor de documentation. Pour les amateurs de cinéma américain.

– GASCAR Pierre, *Le Boulevard du Crime*, Paris, Atelier Hachette/Massin, 1980. Sur les théâtres où se jouait le mélodrame. Un régal pour les yeux, une documentation abondante, drôle, passionnante.

– PRZYBOS Julia, *L'Entreprise mélodramatique*, Paris, Corti, 1987. Perspective moderne, stimulante, qui analyse le genre, son idéologie et sa théâtralité.
– THOMASSEAU Jean-Marie, *Le Mélodrame*, Paris, P.U.F., coll. « Que sais-je ? » n°2151, 1984. Excellente synthèse, bien documentée et claire.
– *Le Mélodrame sur les scènes parisiennes de « Coelina » (1800) à « L'Auberge des Adrets » (1823)*, Université de Lille III, service de reproduction des thèses, 1974. Ouvrage de référence très riche, mais un peu difficile à utiliser.

• Revues
– *Cahiers de la cinémathèque*, « Pour une histoire du mélodrame au cinéma », n°28,1979. Un premier défrichage et un programme de recherche intéressant.
– *Cahiers de la cinémathèque*, « Le Mélo au cinéma », n°4, 1971. Un ensemble de références.
– *Europe*, numéro spécial sur le « Mélodrame », n°703-704, 1987. Nombreux articles constituant un ensemble à la fois informatif et suggestif.
– *Revue des Sciences humaines*, numéro spécial sur « le Mélodrame », Université de Lille, 1976. Parfois un peu trop théorique et d'une approche très universitaire. Mais des notions intéressantes.
– *Poétique*, « Une esthétique de l'étonnement : le mélodrame », article de Peter BROOK, n°19, 1974. L'analyse d'un homme de théâtre et une étude fondamentale.

TABLE DES MATIÈRES

Aubin Imprimeur
LIGUGÉ, POITIERS

Achevé d'imprimer en mars 2003
N° d'impression L 64986
Dépôt légal, mars 2003
Imprimé en France